新视野学术论著丛刊

青少年体质健康与促进研究

赵祥 —— 著

中国书籍出版社
China Book Press

图书在版编目（CIP）数据

青少年体质健康与促进研究 / 赵祥著 . -- 北京：中国书籍出版社，2022.8
ISBN 978-7-5068-9167-7

Ⅰ.①青… Ⅱ.①赵… Ⅲ.①青少年–体质–健康教育–研究–中国 Ⅳ.① G479

中国版本图书馆 CIP 数据核字（2022）第 159126 号

青少年体质健康与促进研究
赵 祥 著

图书策划	尹 浩 李若冰	
责任编辑	尹 浩	
责任印制	孙马飞 马 芝	
封面设计	闽江文化	
出版发行	中国书籍出版社	
地　　址	北京市丰台区三路居路 97 号（邮编：100073）	
电　　话	（010）52257143（总编室）　（010）52257140（发行部）	
电子邮箱	eo@chinabp.com.cn	
经　　销	全国新华书店	
印　　刷	廊坊市博林印务有限公司	
开　　本	710 毫米 ×1000 毫米　1/16	
字　　数	220 千字	
印　　张	12.75	
版　　次	2022 年 8 月第 1 版	
印　　次	2023 年 7 月第 2 次印刷	
书　　号	ISBN 978-7-5068-9167-7	
定　　价	54.00 元	

版权所有　翻印必究

前 言

健康的身体是生活和学习的重要支持和保障，青少年的体质健康不仅关系到其自身成长和学习的各个方面，也关系到国家的未来。但随着我国人民物质生活水平的提高和精神娱乐消费的增多，越来越多的孩子沉迷于电子游戏等现代化的娱乐设备，加上许多青少年参与运动的意识比较淡薄，体力不足成了当代青少年体质健康状况中的一个突出问题，肥胖、近视等问题在当前的青少年群体中也十分突出。这些现象不仅仅影响到了青少年的身体健康，更影响到了他们积极的生活态度和正确的学习观念。面对这样的现状，加强对青少年的体质健康教育，对青少年体质健康发展施行科学有效的干预，成了十分迫切的要求。科学的运动和锻炼是促进体质健康的重要途径，基于这样的背景，笔者在参考大量书籍的基础上，撰写了《青少年体质健康与促进研究》一书。

本书共五章。第一章对青少年的体质健康现状进行了系统的分析，在分析体质的内涵、理想体质与体质健康本体论之后，对青少年体质健康制度下和便携智能终端普及下的青少年体质健康发展进行了初步的研究。第二章针对青少年体质健康监控的相关问题进行了研究，主要讨论了青少年体质健康的测量与评价、青少年体质健康的特征，并就青少年体质健康机制存在的问题提出了应对策略。第三章则针对青少年体质健康管理的有关问题进行了研究，主要探讨了青少年体质健康管理的内容、方法、模式以及程序，并对创新青少年体质健康管理机制、开发青少年体质健康管理系统展开了较为深入的分析。第四章主要从如何提升青少年的体质健康水平出发，对青少年开展体育锻炼进行了相关的研究。这一章对促进青少年体质健康的体育锻炼理论、方法和实践进行了阐述，也对青少年进行体育锻炼的保健问题进行了探讨，最后还思考了运动为便携智能终端成瘾的青少年带来的有利影响。第五章是本书的最后一章，从学校、家庭、医院以及社会四个角度分别剖析了对青少年体质健康实施干预的策略，并对构建"四位一体"的青少年体质健康干预模式进行了思考。

随着国家越发重视青少年的体质健康，展开青少年体质健康的有关研究也势在必行。本书以青少年体质健康为重心，对青少年体质健康的有关理论进行了较为全面的研究。总的来看，主要为实现三个特点做了努力：第一，系统性。本书在了解青少年体质健康现状的基础上，对青少年体质健康的监控、管理与干预等方面进行分析和探索，在帮助读者理解的同时形成较为系统的关于青少年体质健康的发展与干预的理论体系。第二，新颖性。本书的第五章分析了对青少年实施体质健康干预的有效策略，并在研究过程中强调了学校、家庭、医院和社会都有着干预青少年体质健康的责任，随之提出了构建学校、家庭、医院、社会"四位一体"的青少年体质健康干预模式，观点新颖。第三，指导性。本书对创新构建青少年体质健康的管理机制和管理系统具有一定的指导意义。

当前，我国正大力提倡素质教育，而素质教育要求实现人的全面发展。作为全面发展的重要组成部分，青少年的体质健康越来越受到重视。为此，本书针对青少年的体质健康发展进行了有关研究，期望能为提升我国当前青少年的体质健康水平贡献微薄力量。

在本书的撰写过程中，笔者参考了大量的文献资料，并得到了许多同事的热情帮助，在此一并表示衷心的感谢。由于笔者水平有限，书中疏漏之处在所难免，恳请专家、学者与广大读者批评指正。

目　录

第一章　青少年体质健康现状 ... 1

第一节　体质与理想体质 ... 1
第二节　体质健康本体论 ... 5
第三节　青少年体质健康制度的发展与现状分析 ... 10
第四节　便携智能终端普及下的青少年体质健康 ... 23

第二章　青少年体质健康监控的相关问题研究 ... 33

第一节　青少年体质健康的测量与评价 ... 33
第二节　青少年体质健康监控的特征 ... 59
第三节　青少年体质健康监控机制存在的不足与纾困策略 ... 62

第三章　青少年体质健康管理的相关问题研究 ... 73

第一节　青少年体质健康管理的内容与方法 ... 73
第二节　青少年体质健康管理的模式与程序 ... 79
第三节　青少年体质健康管理机制及其创新探索 ... 86
第四节　青少年体质健康管理系统及其开发研究 ... 93

第四章　促进青少年体质健康的重要途径：体育锻炼 ……………… 103

第一节　体育锻炼促进青少年体质健康改善的基本理论与常识 …… 103

第二节　以促进青少年体质健康为目的的体育锻炼方法与实践 …… 117

第三节　青少年进行体育锻炼的保健问题 ………………………… 129

第四节　运动对便携智能终端成瘾青少年的有利影响 …………… 144

第五章　青少年体质健康的干预问题研究 …………………………… 151

第一节　学校干预青少年体质健康的实施策略 …………………… 151

第二节　家庭干预青少年体质健康的实施策略 …………………… 158

第三节　医院干预青少年体质健康的实施策略 …………………… 164

第四节　社会干预青少年体质健康的实施策略 …………………… 172

第五节　"四位一体"模式的构建 ………………………………… 178

参考文献 ………………………………………………………………… 195

第一章 青少年体质健康现状

健康是指人体在躯体、心理和社会适应方面的良好状态。体质健康则是指人体在保持良好健康的状态下，还具有良好的身体素质。拥有强健的体质是人们从事实践活动和精神活动的基础。在多数情况下，体质是判断一个人健康情况的关键性指标，体质较强健的人，其身体往往是健康的，反之亦然。自中华人民共和国成立以来，党和国家高度重视国民的体质健康，并且将增强国民的体质和提升国民的身体健康水平作为体育事业的重要目标。本章先从了解体质的内涵与理想体质切入，并在此基础上分析影响人体体质的因素；然后再阐释体质健康的外显特征和综合意义；最后以青少年为调查对象，分析他们的体质健康现状以及便携智能终端对青少年睡眠和体质健康的影响，为之后的叙述奠定理论基础。

第一节　体质与理想体质

一、体质的内涵

体质是影响人身体健康的重要因素，国民体质的好坏关乎国家的长远发展和社会的进步。对于任何一个国家来说，国民体质的强弱都与国家的政治、经济、教育和文化等紧密相连，是衡量一个国家综合国力的重要指标。可以说，体质影响国民的健康水平，影响社会的全面发展以及国家的长治久安和繁荣昌盛。因此，各个国家都相当重视国民体质的调查研究和具体实践，对其投入较大。科技的发展使得国家间的竞争越发激烈，但究其根本，国家间的竞争实际是人才的竞争，而体质与人才息息相关，是人才成长的基础。只有国民体质强健了，才能推动社会的发展，为社会创造更多的财富。

体质，顾名思义就是人体的质量。人们常说："身体是革命的本钱。"这句话其实很好地说明了体质对于人的重要性，即体质是人正常生活和工作的最重要的物质基础，是根本中的根本。一个人体质的好坏不仅与其先天遗传有着莫大的关系，而且也与其后天所处的物质环境息息相关。体质的表现形式是多方面的，包括人体的生理功能、心理健康、行动能力等诸多内容。要想了解一个人的体质，就需要对这些内容进行充分的认识。一般来说，决定一个人体质好坏的因素有很多，大致可以从以下两个方面进行了解：首先，先天遗传。人体质的好坏首先取决于其遗传情况的好坏，相貌、肤色、性格等都与先天遗传存在着很大的关联，先天遗传的体质可谓一个人体质发展的基础。其次，后天环境的影响。一个人终归是要不断发展和成长的，所以体质也势必随之发展和成长。在这个发展过程中，后天的环境就对人的体质产生了极大的影响。众所周知，人们所处的社会是一个非常复杂的环境，因此，体质发展所面临的环境也是极其复杂的，如人文环境、地理气候、体育活动、医疗条件等，均属于人体后天发展环境当中的重要内容，它们的好坏将直接影响人们体质的好坏。当然，万事万物都需要经历一个从产生到发展再到衰落的基本过程，人体也不例外。随着人们年龄的不断增长，人们的体质会从健康生长到持续健康再到衰老病变，表现出明显的阶段性。

纵观漫长的人类发展史，在不同的历史时期，由于周边的自然环境不同，因而社会人文环境也会有所不同。由于物质生产条件的限制，人们的生活和生产水平呈现出阶段性发展的特点，这直接导致各个历史时期对人们的体质要求也有所不同。例如，在原始社会时期，生产力水平十分低下，大多数生产活动需要依靠纯粹的体力，所以对于体质的要求会比较高。

到了工业化时代，精神劳动和体力劳动融合程度较高，对人的体质要求更高。可见，人的体质是最基本的财富，对社会乃至国家具有重要意义。在当今社会，政治、经济、自然条件等因素对人的体质有着很大的影响。毛泽东在《体育之研究》中写道："善其身无过于体育。体育于吾人实占第一之位置。体强壮而后学问道德之进修勇而收效远"，"体育一道，配德育与智育，而德智皆寄于体。无体是无德智也"。社会经济的发展和科学技术的进步取决于人们共同的发展与贡献，而个人的发展水平高低往往又取决于自身的综合素质。所谓综合素质，自然不仅仅包括体质，还包括人们的道德修养、知识储备、审美水平等多方面的内容。从一定程度上讲，体质受先天遗传和后天环境两方面的影响。首先，先天遗传和后天环境同为影响人体体质的重要因素。其次，先天遗传和后天环境是一对协调统一的关系，人的体质以先天遗传为基础，以后天环境为发展条件，一内一外，最终使人体体质与外界环境相适应。最后，先天遗传和后天环境对人体体质的影响是有差异的，先天遗传影响体质的一些根本性基础，它带给人体的影响是固有的；后天环境因为复杂多变，在很大程度上影响的是体质的变化趋势。

综合以上分析，可以将体质的内涵概括为以下几个方面：

第一，人的体质是一个综合了多种要素的有机整体，内部的各种要素关联紧密、不可分割，它们相互影响、相互促进、相互协调，共同影响体质整体的好坏，决定了人们综合素质的提升。与此同时，体质还是人们在生产和生活过程中最为重要也最为根本的物质基础，促进人体体质的提升，有利于社会的和谐与经济的稳步发展。

第二，关于体质的影响因素，既包括先天遗传，也不排除后天环境，两者都对体质的发展起着非常重要的作用。先天遗传塑造了体质的最初形态，决定了体质的基本情况，而后天环境则为体质的发展提供了无限的可能。另外，后天环境对于体质的影响是巨大而宽泛的，地理环境、人文环境等，均能对人体体质产生重要而深刻的影响，使体质的发展呈现出一定的规律性和特殊性。

第三，体质的加强关乎人们身体素质的加强，因为身体素质作为人们综合素质的一部分，是最能明显反映人们体质好坏的一个外在表现。身体素质的加强能够深刻地影响人们的行、走、跑、跳等具体的行动能力，这些都需要人们通过具体的体育锻炼来达成，当人们体育锻炼的相应指标合格，也就意味着其身体素质已经达到一个基本合格的程度，这对人体生理功能的发展是一个极为有利的信号，因为其能动性正是以身体素质为基础的。

第四，体质并不是一个一成不变的概念，它会随着人们对于体质认知的深刻而不断改变。随着科学技术的发展和医学水平的提高，人们对体质的认知会更加深刻、具体。在理论研究上，人们对体质及其相关研究不断深入，对体质的概念理解更加透彻；在实际生活中，人们凭借自身感觉切实体验体质的变化，从而对体质的发展进行深刻的认识。

第五，可以将对体质的研究看作一门综合性的学科，因为它涉及许多其他学科的理论知识，而且这些学科之间联系非常紧密。除了学科的综合性，体质研究的过程也是十分漫长的，它不是某一特殊时期的阶段性研究，而是一项持续不断的发展性研究，因为人们的体质会不断发生变化，所以体质本身的内涵也在不断地丰富。必要时也需要进行适量的对比研究，这就不免使体质研究具备了跨地域性。综上可知，体质的研究是一门复杂多变、综合性极强的科学研究，但它并不简单化或单一化。在具体到某一细节问题时，对体质的研究就需要从单一学科的角度或者局部的范围开展。在实际的研究过程中，这种单一研究或综合性研究也并不少见，如将整体性研究和综合性研究有机结合起来，两者互相取长补短，在进行专项分析时不忘与其他学科知识相联系，在进行综合性总结时不忘兼顾细枝末节，这样一来，就可以使得体质的研究工作既满足了研究的全面性，又避免了研究的片面性。

二、理想体质的概念

理想体质是人体体质的一种理想状态，具体是指人体体质在不同条件下，功能都能达到相对较高的水平和层次。它是在先天遗传和后天获得的双重作用下形成的，具体来说，它是以先天遗传的体质为基础，通过后天的锻炼和营养摄入等方式所达成的。《全民健身科普知识读本》对体质的范畴进行了全面概括，包括器官系统、运动能力和心理发育等多个方面。其中，器官系统方面主要关注人体的生理，即人体的新陈代谢等生理活动，通过体格、体型和营养状况等相关数据，关注人体本身的健康状况；运动能力则重在关注人们对于身体的利用，如跑、跳、投、攀爬等运动表现出的人体运动的速度、协调性、灵敏度等，借助这些方面的相关数据，可以折射出人体内部的健康状态；心理发育则侧重关注人体心理方面的健康问题，如关注人们的智力、情商、感觉、性格等，这些内容往往受外界环境的影响较大，最终也能影响人们的体质健康。通过上述关于体质的分析，现可以将理想体质的具体表现总结为以下几点：第一，身体内部健康，如心、肝、脾、肺、肾等各个器官和呼吸系统、消化系统、内分泌系统等各个生理系统都没有较大的问题，保持一个基本健康的水平，具备良好的生理机能。第二，运动能力正常，如在生活和工作中有基本的行动能力，自理能力较强，能够独立解决生活与工作中的基本问题，一些基本的运动指标都能够达到合格的标准。第三，心态乐观，适应环境的能力较强，具备一定的抗压能力，能够在较为复杂的社会环境中独立生存。

第二节 体质健康本体论

一、体质健康的内涵

健康是指躯体、心理和社会适应方面的良好状态。体质健康，从概念来源与发展沿革上看，是指能适应生活和工作环境下的活动强度，是一种生理、心理状态。体质属于躯体健康的重要组成部分，一般按身体形态、机能状态和几项常用身体素质指标进行评价，由低到高分为不及格、及格、良好、优秀等几个等级，此法为国际通用。2002年7月，我国教育部、国家体育总局联合下发了《学生体质健康标准（试行方案）》和《学生体质健康标准（试行方案）实施办法》，作为《国家体育锻炼标准》在学校的具体实施办法。2014年，教育部又发布了《国家学生体质健康标准（2014年修订）》。但当下部分青少年对此标准的作用仍然表示很难理解，往往难以从内心接受健康标准的有关要求去积极锻炼、改善自身。扭转青少年的固有观念成为体育工作的主要任务之一。2019年，党中央、国务院颁布《中国教育现代化2035》，将学生健康纳入国家教育现代化，纳入学校教育质量标准，也纳入学生综合素质评价。值得注意的是，看待体质健康不应拘泥于提高哪几项身体素质成绩，而是应该努力提高青少年的体育核心素养，使之建立终身体育的理念，学会科学锻炼的方法，并主动运用于实践，从而有效地提高身体各器官系统的机能，提高学习效率，保持体质健康。

二、体质健康的外显特征

体质健康是人体的一种综合状态，这种综合状态反映在人体正常进行不同运动动作时，每个运动环节的速度与整体动作持续时间长短的方面。这种综合状态处于不断变化之中，要想获得这种综合状态需要人们运动起来，如若想要保持这种状态则要按照一定的节奏来进行身体运动，这不是单纯从一种能量消耗的思维角度可以完全解释的。只能说能量消耗同运动有关，而运动却不只有能量消耗这一项特征。如果从能量消耗的角度只想着通过运动来减肥，这种考虑肯定是被动的、不全面的。运动不当会带来伤害，身材良好不应该以躯体健康和运动损伤为代价换来，而应当在具备一定的运动知识和意识，并按一定规律进行愉悦身心活动的条件下不断获得。体质健康状态或许会有起伏，但应该有能随时投入和找到状态的能力和信心。很难想象一个心肺功能不强、肢体软弱的人能有多强的心理意志，更难想象这种人能承担起多大的社会责任。在日常体育教学中，有两种社会文化对学生体育锻炼的态度影响巨大：其一是体力活动，其二是传统养生文化。

（一）体力活动

在体育文化的传播过程中，人们很容易混淆体力活动和运动的概念，两者并不等同，是有区别的。体力活动是指由骨骼收缩引起的，比安静状态能量消耗更多的身体活动。运动则是可促进身体健康和体能水平提高的专门化身体锻炼活动，是一类涉及体力和技巧而又有一定规则或约束的行为活动，具有目的性、计划性、组织性和可重复性。其中，体适能是一组与人们已经获得的体力有关的要素和特征。

缺乏体力活动带来的危害是显而易见的。1992年，美国心脏协会发布报告，指出缺乏体力活动是导致心脏病的第四大可改变危险因子。世界卫生组织于2002年的报告中把缺乏体力活动列为导致发达国家人口死亡的十大原因之一，每年大概有190万人的死亡与缺乏体力活动有关。2004年，英国发布报告称，英国国民有2/3的成年男性与3/4的成年女性缺乏体力活动，同时有近1/4的成年人群比较肥胖。

相关研究数据表明，各种原因的死亡率与人们进行体力活动的量或体适能水平呈反比。其中，体力活动的量主要包括体力活动的强度、频率和持续时间。这种剂量反应关系呈某种平滑曲线关系，而不是L型曲线关系，不存在某个阈值点。对大众的公共健康来说，使大众从缺乏体力的活动状态向中低强度体力活动状态转变，可以使患病率和死亡率大幅度下降。有报告称，每周500～1000大卡的体力活动能量消耗可以使死亡率下降20%～30%。

此外，我国学者在研究体质健康时注重能耗效率。如果只以体力活动为参考来认识体质健康的话，虽然也能从能量耗散、心血管或其他内脏器官疾病中划分出相关依据，但这种认识是不全面的、缺乏深度的。比如，一个以体力劳动谋生的人，他每天的工作就是进行中度及以上的体力劳动，虽然身体脂肪含量较低，但其局部肌群可能出现肥大和劳损的情况。同时，由于他在开展体力活动时可能出现用力不当的情况，使自身的上下身比例不协调，长期固定的劳动姿势还可能导致身体形态的异常或畸形。此外，每天的工作已经耗费了大量精力，难以再去进行其他体育活动。因此，体质健康还应考虑多个运动部位的灵活性、协调性、平衡性、力量、反应时间、速度等。从美学上看，则表现为身型的匀称等。所以单纯以体力活动去看待体质健康是不全面的。

（二）传统养生文化

传统养生文化是体质健康的一个表现方面。人们坚持运动的一个重要原因是追求健康和长寿。知识的片面性往往导致很多人对中国传统养生文化认识不足。中医传统养生只强调了"动"，但没有强调"度"和"量"。由于自然的惰性与其他理由和借口，部分人只会进行小强度的体力活动，而没有进行更加有效的运动，这是不对的。

有句话叫"生命在于运动"，强调以运动来养生，而所谓养生，即"治未病"。人们通过主动地参与运动，进行自身健康维护，增强自我生存意识，增强个体与生存环境的协调发展，增强改造世界的意识和劳动意识。

中医认为"气聚则生，气壮则康，气衰则弱，气散则亡"。这里的"气"是指人体的元气。元气充足，免疫力就强，就能战胜疾病；元气不足或虚弱，就不能产生足够的抗体或免疫力去战胜疾病。

有一种养生观点是"饮食法地道，居处法天道"。其中，地道是指节气，上述养生观点的前半句告诉人们，平时的饮食要遵从节气，购买蔬菜、水果等食物要多选择应季食品；天道的意思是日夜，后半句告诉人们，平时睡觉、起床要遵循自然规律，不要日夜颠倒。人的身体是进行各种活动的基础，蕴含着人的精、气、神，保障人体各项功能的正常运转。同时，人的身体是抵御病毒、细菌等微生物入侵的主要屏障，人体的毛发、肌肤、血脉筋骨、脏腑组织等均有抵御作用。因此，养生防病重视通过运动来强身健体，它能有效防止精气郁滞，增强器官的功能，如脾、胃的功能。但运动要适量进行，不能过度，过度则会使元气伤损，使脾胃机能减弱。这是一对矛盾，正如体育运动能给人带来益处，但也存在风险。中国的传统养生文化正是运用这样的理论指导着人们的锻炼。基于上述观点，人们平时除了科学地锻炼，还应注意维护自身元气。比如，当雾霾严重时，就不适合在室外进行体育运动，应选择在室内活动，此时自觉地形成对生存环境的关注,以便在以后的社会工作中以此为评判基点。又比如,运动中消耗了一些物质,怎样在饮食中进行补充才能更好地体现运动效益而不影响精力分配,只要具备一定的中华传统养生文化知识,就能更好地解决这个问题。人们在吸收这些知识的过程中还能培养主体的自我生存意识。

三、体质健康的综合意义

自 2002 年 7 月教育部、国家体育总局联合下发《学生体质健康标准(试行方案)》以来,虽然体质测试工作推行已经 20 多年,但实际参与该项工作的教师人数和积极性仍然有限,究其原因可能与体育的传统概念、体育教学的基本目标要求和各学校的制度设计缺陷有关。20 世纪 90 年代中期提出的体育"三基教学"是指基础知识教学、基本技术教学和基本技能教学,体育教学中主要关注的是如何向学生传授运动技术,学生的体育水平与运动技术技能水平的唯一体现是在体育课堂的考试分数上。

自 21 世纪开始,教育的全球化趋势不断发展。部分学生为了升学,有时会出现向体育老师索分的情况,因此,在体育考试分数这方面,外界一直都在质疑。原有的体育课堂考试评价已经越来越不能满足进一步提高学生体质的需要,有教师呼吁相关部门改革青少年的体育课堂。为保证体育课评价的公平性、公正性和科学性,应将常用身体素质测试项目列为考试内容之一,并应占一定比例。建立具有统一标准的学生体质健康标准和测试,能全面客观地评价学生的体育能力,有效增强学生的体质水平。

体质健康对于人们具有多种意义:第一,体质健康是人们生活的基础。如果一个人体质较弱,很容易生病,就很难会有很好的精力去生活。第二,体质健康是人们工作的重要保障。每个人参加工作都需要有健康的身体,并且多数招聘单位在招收人才时会要求应聘者进行体检,如果该应聘者体质较差,那么招聘单位会慎重考虑是否录用。因为他们会考虑应聘者能否承受工作的压力,能否完成工作。第三,体质健康可助力中国梦的实现。人们的体质健康关乎社会的人才结构和国家的繁荣昌盛。国民只有都拥有强健的体质,才能全身心地投入到社会主义建设上来,才能更好地贡献自己的力量,加快中国梦的实现。

总之,人们应该认识到体质健康需要进行日常维护,应在其中进一步认识自身、认识人体规律,形成良好的生活习惯,去有效应对亚健康或一些心理疾病。

第三节　青少年体质健康制度的发展与现状分析

一、青少年体质健康制度在我国的发展

我国政府一直非常重视青少年的身体健康,从中华人民共和国教育部到国家体育总局再到各相关部门、各级政府、学校都积极鼓励和推动青少年学生参加体育锻炼,并从增强学生体质,增进学生健康的目的出发,先后制定了多项政策和制度,包括《劳动与卫国体育制度暂行条例》《国家体育锻炼标准》《大学生体育合格标准》《中学生体育合格标准》《小学生体育合格标准》等。2002年,教育部、国家体育总局发文,开始在全国试行《学生体质健康标准》。概括来说,体质健康相关研究和探索在我国可以大概划分为以下四个阶段。

(一)探索阶段

探索阶段:1949年以前。在近代,社会环境不稳定,国民的生活水平较低,影响了我国青少年体质的健康发展。虽然很多学者开始调查和研究青少年儿童的身体发育情况,但是由于受多种因素的影响,很多调查并未真正地反映出青少年的身体特征。

(二)酝酿阶段

酝酿阶段:1949年到1974年。1950年,中国体育访问团全面考察

并借鉴了苏联体育事业的发展经验,决定实施苏联的《准备劳动与卫国体育制度》(简称《劳卫制》),1951年开始试行。但在上述制度执行过程中出现了"水土不服"的现象,部分学校和地区急于求成,对学生进行反复测试,有的学校采取突击达标等方式,忽略了体育锻炼的科学性,违背了体质健康提升的客观规律,对正常的体育课教学造成了较大的困扰。此阶段先后进行了15次之多的青少年体质测试。三年困难时期因粮食供应不足,大量青少年学生出现了营养不良的状况,无法进行有效的体育锻炼,导致体质下降,《劳卫制》被迫中断。1964年,《劳卫制》更名为《青少年体育锻炼标准》。这一阶段,国家体委未明确界定体质健康的概念,体育锻炼标准的内容也不清晰,相关指标很难反映青少年的身体发育和体质健康状况。

(三)规范化阶段

规范化阶段:1975年到2001年。1975年,为了让青少年更加主动、积极地参与体育锻炼,国务院正式发布了《国家体育锻炼标准》(以下简称《标准》),要求在学校广泛实施,提升青少年的身体素质。此后,1982年、1990年又对《标准》分别进行了两次修改。在1979年,国家体委、教育部和卫生部联合开展了一次大规模的调查工作,调查对象包括儿童和青少年,调查内容包括国民的身体素质、身体形态和身体机能等。1981年12月,中国体育科学学会体质研究会成立。1991年,国家教委颁布了《中学生体育合格标准》。这些标准和政策的颁布和施行,反映了我国对体育工作的重视与对国民体质的重视。我国体育工作的不断推进,相关政策的不断完善以及公共场地和设施的供给,在很大程度上调动了青少年对运动的积极性,激发了他们参与体育活动的热情,有利于增强青少年的体质。我国多个部门在1985年、1991年和1995年分别对7～22岁的学生的体质健康进行了测定,并且每一年会进行一次小规模的测试,5年进行一次大规模的测试。1995年10月1日,《中华人民共和国体育法》(以下简称《体育法》)正式实施,对学生在校期间的体育活动时间给予了保证。《体育法》中明确规定:学校必须实施《国家体育锻炼标准》。

在 2000 年，国家体育总局在全国范围内进行了一次全面的全年龄段的体质健康普查，这是我国史上年龄最齐的一次调研，为我国在国民体质上的深入研究提供了数据基础。建立在这次调研基础上的一些研究成果逐渐显现，而《国家体育锻炼标准》和《学生体质健康标准》的实施，则对学校体育的改革起到了重要的推动作用。这些都表明我国的体质健康探索和研究已经逐渐进入了规范化的新阶段。

（四）成熟与发展阶段

成熟与发展阶段：2002 年至今。从 21 世纪开始，随着社会经济不断发展，人们的物质、文化生活越来越丰富多彩，大家感受到了现代科学技术和文明成果所带来的便捷和舒适。但这些也给人类的健康带来了新的威胁：生活节奏加快，工作压力大，导致长期精神紧张；食物过于丰富，控制不足，导致营养过剩；公共交通越发便捷，有车族出门开车，体力活动急剧下降，导致运动不足；现代工业、农业生产导致环境污染等。这些因素所引发的各类疾病在全球蔓延，且愈演愈烈，亚健康群体不断扩大。青少年学生由于激烈的竞争，升学压力大，熬夜学习、睡眠不足成了常态，这些导致他们身心健康水平下降；经济发展带来家庭条件改善、生活水平提高，而营养知识的科普不足使学生糖类、蛋白质、脂肪等能源物质摄入过多，同时膳食结构的不合理，学生体育锻炼时间不足，导致青少年学生肥胖率增加。教育部学生体质健康测试统计结果显示，2002 年青少年学生身体形态发育水平明显提高，营养状况不断改善，从力量素质来看，学生握力有适度提高，部分常见疾病的患病率在原来的基础上有所下降；但是衡量学生体质健康水平的核心指标——肺活量继续下降，表明青少年学生的心肺功能仍然没有止跌的趋势。另外，青少年学生中，超重与肥胖比例明显出现增加现象，已成为影响青少年学生体质健康的重要问题。

为了解决学生体质健康下降的问题，贯彻《中共中央国务院关于深化教育改革全面推进素质教育的决定》，促进学生积极参加体育锻炼，使学生养成经常锻炼身体的习惯，提高自我保健能力和体质健康水平。2002 年，教育部、国家体育总局联合发布《学生体质健康标准（试行方案）》，明确要求所有大中小学必须贯彻实施学校教育要树立健康第一的指导思想，切实加强体育工作。

中华人民共和国成立之后的第一次全国学校体育工作会议于 2006 年 12 月在北京召开，会议的主要议题为"促进广大青少年全面健康成长"。会上，教育部、国家体育总局联合发布了《关于进一步加强学校体育工作切实提高学生健康素质的意见》，启动"全国亿万学生阳光体育运动"。《中共中央国务院关于加强青少年体育增强青少年体质的意见》也于 2007 年 5 月 7 日发布，该文件是中共中央、国务院专门就青少年体育和青少年体质健康问题向全国发出的动员令。2009 年 10 月开始实施的《全民健身条例》也有利于提高国民的身体素质。2014 年，教育部发布了《国家学生体质健康标准（2014 年修订）》。2016 年 4 月，国务院印发《国务院办公厅关于强化学校体育 促进学生身心健康全面发展的意见》；同年，《"健康中国 2030"规划纲要》发布，旨在提高全国人民的体质健康状况。2020 年，中共中央办公厅、国务院办公厅联合印发《关于全面加强和改进新时代学校体育工作的意见》。这些文件和政策都为相关部门开展工作提供了方向，有利于增强青少年的体质健康。

二、青少年体质健康现状调查

从某种程度上来讲，青少年的体质健康和成长情况也能体现一个国家的综合国力。青少年的体质健康状况不仅关乎青少年的成长，还与家庭的幸福生活相关，甚至还与国家的长远发展和繁荣发展息息相关。因此，国家高度重视青少年的体质健康。调查是制定策略的基础，要深入调查青少年的体质健康情况，收集基础数据，结合数据和地区发展情况分析我国青少年的体质健康问题，并发现问题，制定相关政策，从而有效提高我国青少年的体质健康水平。

在阐述青少年体质健康的现状时，应先了解青少年的身体发展特征和心理发展特征，这样才能对症下药，达到增强青少年的体质的目的。

(一)青少年身体发展特征

1. 少年期

青少年在少年期的身体发展具体表现在身体形态、身体机能、神经系统和性发育上，表现出发育速度快、增长迅速等特征。

青少年在身体形态上的变化体现在三个方面：第一是身高。在青春发育期，青少年的身高迅速增长，每年增长6～8厘米，部分青少年的身高每年甚至会增长10厘米左右。但身高的发展并不是匀速的，总体呈现出两个突增期和两个交叉期。第二是体重。青少年的体重随身高的增长而增加，每年有5～6千克的增长幅度。少年体重的增长主要表现为骨骼、肌肉的发育。骨骼的生长主要体现在骨的长度增长、骨径增粗、骨髓腔扩大等方面。青春发育期，肌肉的增长速度落后于骨骼。但随着年龄的增长，肌肉也逐渐开始发育，大肌肉群比小肌肉群先增长，肌肉力量也得到不断发展，而耐力素质的发展则相对较晚。第三是性别差异的显现。性发育趋向成熟是青少年生理发育逐渐成熟的表现，也是青少年向成人过渡时所表现出来的质的飞跃，其具体的外在表现是青少年"第二性征"的出现。青春期，男孩喉结开始突出、长出胡须，女孩乳房开始发育，由于第二性征的发育显现，性别差异愈发明显。女孩月经初潮在14岁左右出现，16岁左右的男孩出现遗精现象。

青少年在身体机能上的变化体现在三个方面：首先体现在心脏上，具体表现为心脏容积的快速增长，部分青少年的心脏容积可达140毫升左右。同时，心脏的收缩力也会大大提高。其次体现在呼吸系统上。在人成长的过程中，肺在发育上会出现两次飞跃。第一次出现在人刚满三个月的时候，第二次出现在12岁左右。通过两次的发展，不难发现肺的发育并不是与身体发育同步的，而是呈一定的波动。随着肺泡容积的不断加大，青少年的肺活量也相应提高，到青春发育末期，大部分青少年的肺活量已接近成人水平。最后，从骨骼肌的发育来看，青春期的青少年肌肉发育的速度相对较快，力量也增加明显。随着青少年年龄的增长，骨骼肌的重量占体重的百分比持续提高。在身高发育的突增期，骨骼肌的主要发展变化是肌肉长度的显著增加，而肌肉横截面积增加并不显著。在体重的快速增长期，骨骼肌的发展变化则是肌纤维直径增粗，肌肉的体积增大和肌肉重量的显著增加。一般来说，13～15岁的男孩与11～13岁的女孩，骨骼肌长度的增加，非常显著，这与该时期青少年身高的快速增长有关。十六七岁以后，男女青少年骨骼肌纤维明显增粗，肌肉横截面积增大，肌肉重量增加，越来越结实，而长度的增加逐渐缓慢，这与该时期青少年身高增长速度放缓有关。随着青少年骨骼肌的不断发育，他们的力量素质增强，运动能力也会不断提高。

从青少年的神经系统发育来看，其发展变化主要有以下几个方面：首先，脑的发育上，新生儿的脑重在350～400克，是成人的1/4左右；1岁左右，脑重可以达到出生时的2倍，即成年人的1/2；2岁时，脑重可以达到成年人的75%；在14岁以前，青少年的脑重已达1400克，基本接近成年人的水平。从脑容量来说，12岁青少年的脑容量基本与成年人相同。从解剖学可以得知，人类神经系统的发育是最早开始的，尤其是前两年最为关键。其次，神经细胞的结构。神经信息的传导有两种方式：一是连续性传导，二是跳跃式传导。无髓鞘纤维神经信号的传导是连续性的，而有髓鞘纤维的信号传导是跳跃式的。连续性传导速度较慢，而跳跃性传导速度较快。因此，神经细胞髓鞘化是神经系统发育过程中一个非常关键且不可缺少的环节。新生儿的髓鞘化达到50%左右，主要是感觉神经和运动神经；3岁左右髓鞘化完成了近70%，主要是高级思维和高级情感；7岁左右，儿童的神经细胞髓鞘化已基本完成。大脑皮质神经细胞的髓鞘化是神经系统结构完整和成熟的标志。最后，神经系统的机能。儿童的神经系统的特点是兴奋和第一信号系统占优势。儿童的这种兴奋是不稳定、不持久的，容易发生转移，如儿童很容易对某个玩具产生兴趣，但是玩了一会儿之后发现另一个东西，就会放弃之前的玩具，转向新的东西；儿童在学习文化知识和运动技能的时候同样如此。所谓第一信号系统是比较简单的、直观的、一目了然的信号，如物体、形状、图片；第二信号系统则是指需要通过思维活动才能理解的信号，如语言、文字等。随着生长发育的进行，到青春期末期，青少年神经系统的兴奋与抑制过程逐渐平衡，第二信号系统开始发展。

2. 青年初、中期

青少年在青年初、中期的身体发展特征具体表现在身体发育、神经系统和性机能上。

虽然青少年在这个阶段身体形态的发育基本完成，但是内脏器官的发育还未完成，其外在表现有如下几个方面：第一，青少年在身高和体重上的发育与成人的区别不大，身体骨骼也发育完全，承重能力也随之提高，但尚不及成人。第二，青少年心血管系统可以分为心脏和血管两个部分，但两部分的发育并非同步进行，而是存在先后顺序。青少年的心脏发育相对较早、较快，而血管的发育相对滞后。因此，青少年在青春期拥有一个体积较大、功能较强的心脏，和相对直径较小、管腔狭窄、弹性不佳的血管，故心脏收缩时大量的血液进入血管，会使血管壁的侧压力增大，即血压升高，这种现象被称为"青春期高血压"。"青春期高血压"是暂时的、短期的，随着血管的不断发育成熟，血压不久就会恢复正常。第三，青少年的肌肉发育速度仍然落后于骨骼。虽然这一阶段肌肉发育速度开始加快，但肌肉的发育是以长度加长为主，若在此阶段进行力量训练，可以加快骨骼肌的横向发育，促进力量的快速增长。第四，性别差异越发明显。男孩由于长骨不断生长加长，身高越来越高，而女孩由于发育较早与雌激素的影响，身高发育开始停止，呈现出男孩高于女孩的现象。此阶段，女孩盆骨开始发育并开始增宽，呈现出男孩骨盆高而窄，女孩骨盆低而宽的现象。男孩、女孩的胸廓都明显扩大，肺活量相应增加，基本接近成年人水平，但女孩的胸廓容积小于男孩。

从神经系统发育来看，到青年初、中期，青少年的神经系统基本发育完成，机能相对成熟，神经系统的兴奋和抑制逐渐平衡。从外在表现来看，逐渐变得稳重、踏实，且第二信息号系统发育逐渐完善，青少年能够较好地理解语言和文字信息，自主学习能力增强。

从生殖系统来看，青少年的生殖器官发育逐渐成熟，第二性征明显，男性喉结突出，女性乳房发育、臀部增大，男生和女生有较为明显的性别意识。

（二）青少年心理发展特征

1. 青少年的情感与情绪特点

（1）外向与内向并存

婴幼儿、儿童的情感外露，外在表现即为内心所想，不高兴的时候会哭泣，开心的时候会面带微笑，从不控制自己的感情。青少年与儿童有一定的差异，他们的情绪变化速度与儿童时期相比较慢，并且其认识重点也发生了变化，即从认识外部世界向认识自我内心世界转变。与儿童时期相比，青少年不再像以前那样直接表露出自己的情绪和心情，而是将它们压抑在自己的内心深处，将自己的情绪隐藏起来。就算在某些时候，青少年吐露了自己的情感，也会受到主观意识和客观需求的制约。此外，青少年的情感还体现出一定的表现性，即喜欢在老师、同龄人等群体前突出自己，有时也会表现出两面性。

（2）冲动与稳定并存

人的情绪和情感在幼年时期具有明显的冲动性，在成人时期则较为平稳，但在青少年时期，人的情绪和情感则处于冲动与稳定并存的阶段。青少年处于儿童和成年人的中间阶段，由于激素水平提高，他们在有些时候比较感性，容易冲动。但与儿童相比，青少年具备较强的控制能力，能够对情绪与行为进行一定程度的控制；青少年一般能够客观认识事物，也能够理解事情的真相，正确对待人与人之间的关系，认识自我，因此与儿童相比具有较好的稳定性。

（3）强烈的友谊感

无论是在青少年的认知中，还是在他们的实际生活中，友谊感都具有重要地位。比如，有些事情青少年是不愿向父母和其他长辈吐露的，却愿意和朋友倾诉，而在此过程中，朋友的鼓励和帮助对青少年有极大的影响。在青少年的生活中，有同样的信念以及深入交谈过的两者之间容易建立起深厚的感情。朋友之间可以相互鼓励、相互扶持，有时朋友的想法和习惯容易对青少年自身产生积极的影响。总之，朋友在青少年生活中的作用是具有独特意义的、不可缺少的，在此阶段，朋辈辅导显得尤为重要。

但并非所有青少年的朋友都是益友，也会有部分不良情况出现。比如，有部分青少年会有明显的拉帮结伙倾向，有的会因义气而做出一些没有原则和底线的事情，甚至违法犯罪。因此，对青少年要严格进行价值观和遵纪守法教育，培养青少年树立正确的世界观、人生观、价值观、友谊观。

（4）情绪存在易感性

青少年学生的情绪容易受到感染，也容易受到周围环境和气氛的影响。青少年可能会因为一场球赛的胜利而集体欢呼雀跃，甚至会连续高兴几天，在这段时间内，他们会觉得周围的人、事和物都会让人开心，都是赏心悦目的；反之，当青少年遇到不开心、不顺心的事情时，就感觉周围的人、物、所有的事情都很让人不开心，觉得什么都很碍眼。有的女孩子则比较容易感同身受，很容易受到他人的情绪感染，有时会跟着别人一起伤心落泪，甚至抱团痛哭。因此，学校和老师应该注意到青少年良性情绪的积极作用，关注不良情绪的扩散可能会给集体带来的不良影响，进行心理疏导。

2. 自我意识

随着年龄的增长，青少年在自我意识上，一方面表现为自我评价能力的提高，另一方面则表现为独立意识的增强。

青少年自我评价能力的提高体现在他们在这个阶段开始能够较为全面客观地审视和评价自己，分析自己的行为与行为动机，深入了解自己的思想和性格。但以人为主体的活动大多带有主观性和片面性，有时会出现两个极端：一种是在发现自己的优点后过于骄傲，另一种是在发现自己的缺点后过于自卑。因此，要使用恰当的方式来引导青少年进行自我评价，并让他们及时发现问题，改正缺点，从而不断提高自己。

寻求独立是指青少年的自我意识发生变化，"成年意识"逐渐形成。随着青少年的不断成长，他们的智力、知识逐渐增强，社交范围也不断拓展。这时，他们希望家长能将他当成一个成人，并且希望老师和家长能够尊重他的想法和生活。青少年在这个阶段开始喜欢以大人自居，追求独立，显露出成年感，尤其是在交友、业余爱好、专业选择等方面表现明显。在这个阶段，教师、家长对他们的态度要积极转变，要区别于对儿童的态度，给予他们足够的尊重和更多的关心，对他们的教育要采用建议和劝导的方式来进行，应舍弃以往指令形式的批评教育。

3. 心理发展的性别差异

青少年的心理发展存在男女性别差异，具体表现在三个方面：第一，在智力差别上，总体水平是一样的，但如果从最高和最低这两个层面上看的话，男生数量是多于女生的，女生大都处于中间水平。智力差别上的男女性别差异主要是指男生和女生分别偏重于不同类型的思维类型。第二，在情感和意志上，男生的情感较为热烈和粗犷，能承受较大压力，探索能力和解决问题的能力较强；女生的情感则较为敏感和细腻，有较强的耐性、韧性和自制力。最后，关于青少年时期的男、女生在心理发展上的性别差异，上述特征是根据相关研究所总结出的普遍规律，其结论是相对的。

（三）青少年体质健康的现状

弄清青少年体质健康状况是青少年体质健康促进工作的前提和基础，为了弄清当前我国青少年体质健康现状，可随机抽取7～18岁的青少年学生共360名（无疾病）作为调查对象，采用问卷调查和场地测试两种方式获取第一手资料。对所获取的数据进行统计分析后，结果如下[①]：

1. 青少年的身高现状

青少年的身高发育主要是骨骼的纵向生长，可见青少年的身高是骨骼发育情况的外在表现，是青少年体质健康的重要指标之一。根据调查情况，现总结如下：

第一，伴随着青少年年龄的增长，身高呈现出逐年增长的发展趋势。

第二，在16～18岁这个年龄段，调查对象的身高普遍高于全国的标

---

① 徐静. 池州市青少年体质现状及提升的路径研究[D]. 武汉：武汉体育学院，2016：15-22.

准身高。这个现象在其他年龄段都有出现，但在这个年龄段则较为明显。

第三，男生在7~15岁的这个年龄段，身高增长较快。女生的身高在7~14岁这个时间段增长得较快。男、女生分别在16~18岁和15~18岁这两个阶段身高增长速度减慢。

从青少年群体整体而言，其身高呈持续增长态势，这种良好社会现象的出现是多种因素的作用，如人们生活水平的提高，以及国家、社会、学校和家庭的重视等。

2. 体重调查

体重是反映青少年的营养状况、身体形态、体质水平的重要指标，适宜的体重是健康的标志之一。如果青少年体重过轻则可能营养不良，可能表现为贫血、肌肉无力，健康状况不佳；体重过重则有肥胖症的风险，许多慢性非传染性疾病都是由肥胖引起，危害健康。调查结果如下：

首先，从青少年体重的变化趋势来看，随着年龄的增长，其体重整体上呈上升趋势。调查对象的体重与我国同年龄段青少年的平均水平相比普遍较高，表明近年来由于营养改善，青少年体重增加明显。

其次，从体重的发育速度来看，男生7~15岁阶段体重增长比较快；女生7~14岁体重增长较快，但与同年龄段男生相比，体重的增长速度相对较慢。体重的增长速度减缓，男生是在16~18岁，女生是在15~18岁，此时体重增速变得相对稳定。随着经济的发展，家庭条件改善，生活水平提高，青少年的营养越发充裕；交通工具越来越便利，青少年对代步工具过分依赖，再加上青少年学业负担繁重，体育锻炼缺乏，静坐少动成为常态，这些都造成了青少年较高的超重率和肥胖率。

此外，随着年龄的增长，部分女生逐渐开始关注自己的身高、体重和身材。受到不良思想的影响，当体重超出自己可接受的范围时，她们会进行体重控制，大部分女生会通过运动和节食等方法来控制自己的体重。因此，与男生相比，女生往往体重增长相对较慢，尤其是年龄超过16岁以后更为明显。

3. 身体机能调查

肺活量是指在最大吸气后,做最大呼气时所能够呼出的气量。肺活量是衡量青少年的肺功能水平的常规指标。同时,肺活量指标也是评价青少年身体发育水平的重要指标之一。在教育部发布的《国家学生体质健康标准》中,肺活量指标是学生体质健康测试的必测项目。通过对调查数据的统计分析,结果表明:青少年的肺活量与年龄呈正相关。也就是说,随着青少年的年龄增长,其肺活量也随之增长。在该项调查中发现,调查对象的肺活量大多高于全国的标准值,表明青少年的身体发育状况良好。

从肺活量及其增长速度的性别差异来看,同年龄阶段,男生的肺活量高于女生,男生肺活量的增长速度也高于女生。

此外,调查显示,7～13岁是男生肺活量的快速增长阶段,7～12岁是女生肺活量的快速增长阶段;14～18岁男生的肺活量增长速度放缓,13～18岁女生的肺活量增长速度趋缓。

总体来看,此次调查中大部分青少年的肺活量与之前调查相比有所提高,改善了此前多年连续下滑的情况。

4. 身体素质调查

(1) 力量素质

为了了解青少年的力量素质情况,项目组为7～12岁青少年进行了1分钟跳绳测试,为13～18岁青少年进行了立定跳远测试。调查结果分析如下:

第一,青少年的力量与年龄的增长是呈正比的,即当青少年的年龄增长时,其力量也随之增加。

第二,男、女生的力量素质是有差异的,男生的力量素质明显高于女生,并且这种差异会随着时间的流逝而愈发明显,尤其是到13岁之后。

第三,女生在13岁之后力量素质的增长呈平稳状态,而男生则呈现出不断增长的趋势。

(2) 速度素质

为了了解青少年的速度素质,根据《国家学生体质健康标准(2014

年修订）》，采用50米跑作为衡量青少年速度素质的测试指标。测试结果分析如下：

第一，调查表明，随着年龄的增长，青少年的速度素质逐年提高，男生速度素质的增长速度明显高于女生。

第二，7～13岁是青少年女生速度素质的快速增长期，7～16岁是青少年男生速度素质的快速增长期。女生在14岁以后速度素质增长减缓，男生在17岁之后速度素质增长减缓，逐渐呈平稳状态。

总的来说，青少年学生的速度素质相对较好，但测试中也有部分学生成绩达不到国家标准，建议学校、老师、家长要特别注意关注这些学生的生活方式，进行适当的健康管理，督促他们积极参加体育锻炼。学生也要认识到体育锻炼的重要意义，自觉通过积极的体育锻炼、合理补充营养来提高自己的速度素质。

（3）柔韧素质

根据《国家学生体质健康标准（2014年修订）》，项目组采用坐位体前屈项目测试青少年学生的柔韧素质。通过对测试结果的统计分析，结果如下：

第一，由于性别差异，青少年女生的柔韧素质与男生相比相对较好。

第二，在7岁以后，13岁之前，男生和女生的柔韧素质随着年龄的增长呈下降趋势，但具有明显的性别差异，女生柔韧素质的下降速度明显比男生慢。

第三，13岁以后，男生柔韧素质呈现平稳提升趋势，女生柔韧素质也呈现稳步上升趋势，且比男生的提升幅度大。

总之，随着年龄的增加，女生性别意识觉醒，越来越在意自己的身材和形体，在柔韧素质方面的要求也持续提高，因此往往会主动进行柔韧练习，而男生在青春期以后对力量和速度更注重，容易忽视柔韧素质，因此女生的柔韧素质往往好于男生。对此，建议学校在体育教学中加强对女生柔韧素质练习方法的传授，加强男生柔韧素质的认知教育，促进学生各项身体素质的均衡、协调发展。

（4）耐力素质

由于性别和年龄的不同，青少年的耐力素质有较大差距。因此，对不同性别和不同年龄段的青少年进行耐力素质测试，要采取不同的方法。比如，在一般情况下，对于男性青少年和女性青少年7～12岁阶段的耐力素质测试，统一选用8×50米折返跑；男性青少年在13～18岁阶段，选用1000米跑来测试其耐力素质，女性青少年的耐力素质则采用800米跑进行测试。通过对本次测试结果的统计分析可知，7～12岁青少年的折返跑成绩与年龄增长呈正比，年龄越大，成绩越好；13～18岁青少年的测试成绩也在随着年龄的增长不断增加，但增长速度较慢。学生认为有氧耐力锻炼枯燥乏味，因此缺乏兴趣，这是导致耐力素质不高的直接原因。随着生活水平的提高，部分青少年出现营养过剩、肥胖现象，导致运动费力程度增加，继而产生惰性，这是造成耐力素质不高的间接原因。

因此，要提高学生的体质健康水平，就要采取措施，让学生积极主动参与体育锻炼，建议学校、老师从课程体系、教学模式、教学内容、教学方法、教学手段等多方面着手，安排丰富多彩的、趣味性强的体育活动，以提高学生参与锻炼的兴趣；同时，家长应对学生进行体育健康教育，膳食营养也要合理安排，家校共育，共同促进青少年的健康成长。

第四节　便携智能终端普及下的青少年体质健康

一、便携智能终端概述

"便携智能终端"是指所有具有便携特性的新兴媒体，如手机、平板电脑、掌上电脑、PSP、移动视听设备等。APP（Application Program）是指这些便携智能终端内安装的各种应用软件，如微信、QQ、各种游戏、购物软件等。

随着移动通信技术不断发展、创新，智能手机、平板电脑、智能手表等终端设备以及各种应用软件,改变了人们的生活方式和习惯,在现代人的生活中扮演着越来越重要的角色。然而,就在这些新型的终端设备带来便捷和享受的同时,人们对以手机为主的便携智能终端逐渐形成了依赖,表现出使用时间长、频率高等特点,并且产生各种问题行为和心理障碍。当前,手机已经成为青少年日常生活不可缺少的组成部分。与此同时,青少年日常身体活动量不断减少,体质健康水平正不断下降。

便携智能终端及 APP 对青少年具有巨大的吸引力,使之沉迷其中,影响青少年的睡眠质量、身体发育、体质水平,极大阻碍健康中国战略的实施进展。如何化害为利、变害为宝,是当前亟待解决的重要课题,同时也是社会和学术界关注的重点。

二、青少年便携智能终端的使用现状

为了弄清青少年便携智能终端的使用情况,2021 年湖南科技大学青少年运动健康促进研究团队,采用自愿报名的方式募集了 400 名 13～25 岁青少年(男、女各 200 人)受试者。为了准确地记录受试者每天便携智能终端的使用数据,在志愿者及监护人知情同意的情况下,研究团队使用专业的应用计时软件记录受试者的便携智能终端的使用情况,相比传统的问卷调查更为精准、可靠。为了更加科学的衡量受试者日常便携智能终端的使用情况,团队连续采集了 10 天的数据,并取其平均值作为青少年日常便携智能终端的使用时长。

表 1-1 青少年日常便携智能终端使用情况(n=400)

便携智能终端使用时长	人数	百分比
2 小时以下	12	3.00%
2～4 小时	36	9.00%
4～6 小时	132	33.00%

续表

便携智能终端使用时长	人数	百分比
6～8小时	140	35.00%
8～10小时	64	16.00%
10小时以上	16	4.00%

当前，在便携智能终端高速发展、高度普及的今天，手机成为青少年日常生活不可缺少的组成部分。呈现出每天手机的使用时长过长、使用频率过高的特点。该项研究结果（表1-1）显示，绝大部分青少年每天使用智能终端的时长大于4小时，占调查总人数的88%；有20%的青少年每天便携智能终端使用时长达到8小时以上。以每天24小时计算，除去睡眠时间和上课学习时间，几乎所有的空余时间都被手机占用，体育锻炼的时间缺乏，严重影响青少年的身心健康。青少年是国家的栋梁，是未来建设现代化强国的主力军。青少年的身体健康、心理健康关系到其大学阶段的知识储备、关系到未来是否能够承担建设社会主义现代化强国的重任。宋玉婷、李丽等[1]的研究显示，智能手机高度普及，青少年呈现出手机使用时间长、频率高等特点，严重影响青少年的睡眠质量，与本研究有类似观点。

三、便携智能终端普及对青少年睡眠质量的影响

睡眠是高等脊椎动物周期出现的一种自发的和可逆的静息状态，表现为机体对外界刺激的反应性降低和意识的暂时中断。人的生命约有1/3是在睡眠中度过的。

湖南科技大学研究团队采用匹兹堡睡眠质量指数（Pittsburgh sleep quality index，PSQI）量表对青少年进行睡眠质量评估。他们采用华为手环3 Pro跟踪记录受试者每日的睡眠相关指标（睡眠总时长、深睡时间等）。

---

[1] 宋玉婷,李丽,牛志民. 大学生媒体多任务、冲动性与睡眠质量和学业成绩相关分析[J]. 现代预防医学, 2017（3）：478-480+485.

该设备采用与哈佛医学院 CDB 中心合作研发的 HUAWEI TruSleep™2.0 科学睡眠技术，能够较为精准的全程监测睡眠情况，相比传统的问卷调查法更加科学可靠。

匹兹堡睡眠质量指数是美国匹兹堡大学精神科医生 Buysse 博士等人于 1989 年编制。刘贤臣，唐茂芹等[1]（1996）研究表明 PSQI 量表同样适合中国人群的睡眠质量评价。匹兹堡睡眠质量指数由 19 个自评和 5 个他评条目构成，其中，第 19 个自评条目和 5 个他评条目不参与计分，18 个计分条目组成 7 个成分，每个成分按 0～3 等级计分，累积各成分得分为 PSQI 总分，可用于评定受试者最近 1 个月的睡眠质量。PSQI 总分范围为 0～21，得分越高，表示睡眠质量越差。PSQI 总分小于或等于 3 视为睡眠质量好，PSQI 总分在 4～7 之间为中等睡眠质量，PSQI 总分大于或等于 8 者睡眠质量为差。

表 1-2 青少年日平均睡眠时长统计表（n=400）

睡眠时长（小时）	人数	百分比
4 小时以下	50	12.50%
4～6 小时	226	56.50%
6～8 小时	102	25.50%
8～10 小时	18	4.50%
10 小时以上	4	1.00%

人类始终处在觉醒和睡眠两者交替出现的状态。这种交替是生物节律现象之一。睡眠具有消除疲劳、保护大脑、增强免疫力、促进生长发育、延缓衰老、平衡心态等作用。一般认为，青少年每天睡眠时长不应低于 8 小时。本研究结果显示多数青少年日平均睡眠时长在 4～6 小时，只有 5.50% 的青少年睡眠时间达到 8 小时，甚至 12.5% 的青少年睡眠时间不到

---

[1] 刘贤臣，唐茂芹，胡蕾，王爱祯，吴宏新，赵贵芳，高春霓，李万顺. 匹兹堡睡眠质量指数的信度和效度研究 [J]. 中华精神科杂志，1996（2）：103-107.

4 小时。睡眠时间不足，将影响青少年白天的精神状态，影响学业成绩，同时也严重影响其身心健康。

表 1-3 青少年日平均深睡眠时长统计表（n=400）

睡眠时长（小时）	人数	百分比
30 分钟以下	12	3.00%
30～60 分钟	34	8.50%
1～2 小时	96	24.00%
2～3 小时	186	46.50%
3～4 小时	64	16.00%
4 小时以上	8	2.00%

睡眠质量是评价生活质量和身心健康的重要指标之一。有研究表明，在整个睡眠周期中，深睡眠期尤为重要。深睡眠期，人的大脑皮层细胞处于充分休息状态，对稳定情绪、平衡心态、恢复精力有极其重要的作用。表 1-3 显示，青少年日均深睡眠时间在 2～3 小时的占调查总人数的 46.50%，深睡时间达到 3 小时以上的仅有 18%。这表明青少年深睡眠时间较短，不能有效地恢复身体状态，不利于白天的学习。

表 1-4 青少年日常睡眠质量指数统计表（n=400）

PSQI 总分	人数	百分比
3 以下	6	1.50%
4～5	56	14.00%
6～7	182	45.50%
8 以上	156	39.00%

低睡眠质量会严重影响青少年的健康水平和学业成就。一般认为，PSQI 是评价睡眠质量的可靠工具，PSQI 总分越高，代表睡眠质量等级

越低，睡眠问题越明显，PSQI ≥ 8 为睡眠障碍。结果表明，青少年 PSQI 总分在 3 以下的仅有 1.50%；总分在 6 ~ 7 的占调查总人数的 45.5%；按照通常标准，总分大于或等于 8 者为睡眠质量差，则本研究中青少年睡眠障碍检出率为 39.00%。

手机使用时长、步行量与青少年睡眠质量的关系如何呢？

表 1-5 青少年手机使用时长与平均睡眠时长相关性分析表（n=400）

	m±s	Rs	P
手机使用时长（小时）	7.63±4.14	-0.92	0.04
平均睡眠时长（小时）	7.29±3.16		

表 1-5 显示，青少年手机使用时长与平均睡眠时长呈负相关，手机使用时间越长，睡眠时间越短。

表 1-6 青少年手机使用时长与睡眠质量指数相关性分析表（n=400）

	m±s	Rs	P
手机使用时长（小时）	7.63±4.14	0.87	0.02
睡眠质量指数	6.86±2.32		

表 1-6 显示，青少年手机使用时长与睡眠质量指数呈正相关，即手机使用时间越长，睡眠质量指数越高。表明青少年手机使用对睡眠质量有不良影响，每天手机使用时间越长，其睡眠质量越差。研究提示，应采取有效措施尽量减少青少年每天手机的使用时长，从而提升其睡眠质量，尤其是要避免青少年睡前使用手机。

从上述结果可以看出，大部分青少年每天使用便携智能终端的时间在 4 小时以上，便携智能终端的使用时长较长；同时，大部分青少年日平均睡眠时间较短，没有达到 8 小时的基本要求。

青少年便携智能终端的使用时长与平均睡眠时长呈负相关，与睡眠质量指数呈正相关。便携智能终端的使用时长越长，睡眠时间越短，睡眠质量越差，这可能与青少年因睡前使用便携智能终端而引起中枢神经兴奋性增高、褪黑激素分泌减少所致。研究提示，减少青少年便携智能终端的使用时长，尤其是减少青少年睡前使用便携智能终端设备，可能是改善青少年睡眠质量的有效途径。

四、便携智能终端普及对青少年其他体质健康的影响

Koivusilta Leena[①]通过对14～16岁青少年的调查发现，手机的使用与危害健康行为有密切关系。

Chang-T Chiub[②]等人的研究显示，经常使用手机的儿童健康状况比以前更差。E. Kipling Webster[③]等人的调查表明，青少年的屏幕时间与久坐行为呈正比，而久坐会使心肺功能下降。Kehler D.S.[④]等人的研究显示，大量的久坐行为与虚弱或低心肺功能之间存在高度相关。和西方发达国家相比，便携智能终端在国内的起步较晚。相对而言，关于便携智能终端对青少年体质与健康影响的研究也相对较晚。国内早期的研究主要聚焦于青少年对便携智能终端产生的依赖，以及其对青少年心理健康的负面影响。袁潇等[⑤]在研究中发现，青少年对于手机存在强烈的、持续的需求感和依赖感，在不使用手机后会有不适反应。国内近期的文献中，仅发现少量有关便携智能终端对青少年体质的影响的研究。刘晓虎等[⑥]的研究显示，手

---

① Leena K., Tomi L., Arja R.Intensity of mobile phone use and health compromising behaviours--how is information and communication technology connected to health-related lifestyle in adolescence?[J].Journal of Adolescence, 2005, 28（1）：35-47.

② Chiub C.T, Chang Y.H, Chen C.C, et al.Mobile phone use and health symptoms in child-ren[J].Journal of the Formosan Medical Association, 2015, 114（7）：598-604.

③ Webster E.K, Martin C.K, Staiano A.E.Fundamental motor skills, screen-time, and physical activity in preschoolers[J].Journal of Sport & Health Science, 2019, 8（02）：24-31, 107.

④ Kehler D.S., Stammers A.N, Tangri N, et al.Systematic review of preoperative physi-cal activity and its impact on postcardiac surgical outcomes[J].Bmj Open, 2017, 7（8）：30.

⑤ 袁潇, 风笑天. 青少年手机需求及使用行为研究现状 [J]. 中国青年研究, 2011（4）：78-81, 70.

⑥ 刘晓虎, 童建民, 董众鸣. 手机成瘾对大学生体质健康影响的研究 [J]. 体育科技, 2018

机成瘾对青少年心肺功能、有氧耐力具有显著的负面影响。冯红新、王红雨[①]的研究显示,非手机依赖者的体质水平好于手机依赖者,手机依赖者的心肺功能会下降。

五、便携智能终端与青少年体质的相关性分析

相关性分析是对两个确有联系的变量进行分析,探讨其因果关系。它能够描述两者之间关系的密切程度,并显示两者之间的趋势。一个变量随另一变量的上升而上升,这说明两指标间是正相关关系;若一个变量随另一变量的上升而下降,则说明两者之间是负相关关系。笔者采用Spearman相关性分析,分析了青少年便携智能终端的使用时间与体质评分之间的相关性（α=0.05）（表1-7）。

表1-7 青少年便携智能终端使用时长与体质评分的相关性分析表（n=400）

	m±s	Rs	P
便携智能终端使用时长（小时）	7.63±4.14	-0.91	0.03
体质总评分	68.74±9.47		

结果显示,青少年便携智能终端使用时长与体质评分的相关系数为-0.91,表明青少年便携智能终端使用时长与体质呈高度负相关关系。青少年使用便携智能终端的时间越长,其体质水平越差;体质水平较高者,其每天使用便携智能终端的时间较短。这一结果提示家长与学校应该注意控制青少年便携智能终端的使用,鼓励、引导青少年放下手机,多到室外、田径场、足球场等进行体育活动,以增强体质。

从研究结果来看,大部分青少年每天使用便携智能终端的时间在4小时以上,便携智能终端使用时长较长。青少年的体型、肺功能、速度素质、

（2）：81-82，84.
① 冯红新，王红雨. 大学生手机依赖及对体质健康的影响[J]. 中国健康教育，2018（4）：375-377，383.

柔韧素质、爆发力尚可，但是力量素质、耐力素质相对较差，体质状况不容乐观。相关分析显示，青少年便携智能终端"成瘾"问题是导致青少年体质下降的重要原因之一，应该引起教育主管部门、学校、老师、家长的足够重视，各方应积极协作，减少青少年便携智能终端的使用，改善其体质健康水平。

第二章 青少年体质健康监控的相关问题研究

随着科技的发展和时代的进步,青少体质问题越来越受到全社会的普遍关注。为了促进学生体质健康的改善,2014年教育部印发了《国家学生体质健康标准(2014年修订)》(以下简称为《标准》),明确提出包括大学、中学、小学在内的各级学校需严格执行《标准》并充分落实,以期准确监控学生的体质状况,并为政府及教育部门的决策提供客观依据。然而,各大、中、小学校在执行《标准》的过程中却出现了不少的偏差,这也是造成青少年体质健康状况改善不明显,体质监测数据失真的一个主要原因。为此,必须严格监控各大、中、小学校的青少年体质健康测试工作,进行定期检查、抽查,并对学校的青少年体质健康管理工作进行指导,这样才能使青少年的体质健康状况得到有效的改善。本章主要就青少年体质健康的健康测量与评价、特征等进行研究。

第一节 青少年体质健康的测量与评价

一、身体形态的测量与评价

身体形态相关指标是测量与评价人们外部特征的主要指标。近年来,研究者们发现身体形态指标不仅仅能够反映人体的外部特征,它还是评价人体体质状况与健康水平的重要指标，甚至在一定程度上能够对某些疾病起到预测作用，引起学术界的广泛关注。青少年是国家的未来，青少年体质健康关系到社会主义体育强国建设。青少年处于生长发育的关键阶段，身体形态不仅关系到他们现阶段的体质健康，甚至对未来会产生深远的影响。青少年的生活方式、体育锻炼的态度及行为在未来会影响到他们的配偶、孩子。因此，对青少年进行身体形态的监测是非常必要的。青少年的身体形态测量的主要指标包括体格测量、体型测量、身体成分测量和身体姿态测量等。

（一）体格测量与评价

体格是一般来说是指身体各环节的质量、围度、厚度、长度、宽度等。体格测量在运动训练领域、体质评价领域、健康促进领域、运动医学领域、运动生物力学领域、临床医学领域、康复医学以及航空医学等许多领域都有广泛的开展。在体格测量的评价体系中，往往把两个或两个以上的指标按一定方式进行计算，从而形成一个新指标，这种新的指标被称作派生指标。在体格测量与评价中，派生指标可以较好地反映各指标之间的相对关系，如身体质量指数（简称体质指数，英文为Body Mass Index，简称BMI）就是一个典型的派生指标，是用一个人体重（kg）除以身高（m）的平方所得出的，它反映一个人体重与身高的关系。该指标在国际上通常被用来衡量一个人体重是否适当以及是否健康。

1. 青少年身体各部长度测量指标

（1）青少年身高的测量

青少年的身高是反映发育情况的主要指标之一。随着年龄的增长，青少年身高呈逐年增长态势。青少年身高的增长主要是由人体长骨加长所致，在长骨的骨干与骨骺之间存在骺软骨，在生长发育过程中，骺软骨不断分裂增殖并不断骨化，使长骨不断加长，从而呈现出人体身高的显著增长。同时，随着年龄的增长骺软骨不断减少，一般在16—20岁左右骺软骨停止增殖并完全骨化，至此长骨不再加长，身高不再增长。

青少年身高的测量有多种方法，测量工具有身高测量仪、身高测量墙贴、直尺、卷尺、直角尺等。在对青少年进行身高测量时，要求受试者脱去鞋袜，赤脚以立正姿势站立于身高测量仪的底板上，足跟、臀部和背部与立柱紧密相贴，身体直立，双眼平视前方，头部正直，被测量者耳屏上缘应与眼眶下缘最低点在同一水平线上。测试人员移动身高测量仪的水平板至测试者的头顶，注意松紧适宜，即可测出身高。注意读数时，测量者两眼应与水平板齐平，一般以厘米为单位，小数点后保留两位记录数据。身高的测量应该每次均在相同时间，同一仪器，身高测量仪应该放置水平，以免出现误差。

（2）青少年坐高测量

坐高是指人体坐立位时从头顶至坐骨结节最低点平面之间的垂直距离，一般用头顶到椅面的距离表示，它反映人体上半身的长度，并非是躯干长度。有学者认为，躯干长度是胸骨上点至耻骨联合点的距离，这是不正确的。因为耻骨是髋骨的组成部分，而髋骨属于下肢带骨，并非躯干骨。因此，严格来说躯干长度应该是指胸骨最高点至尾骨尖的直线距离。但由于躯干长度测量不便，因此往往用坐高来间接反映躯干发育情况。躯干部分有胸腔和腹腔，人体内脏器官部分位于两腔之中，因此通过坐高的测量也可以间接反映内脏器官的发育程度。

测量方法：被测者坐于坐高测量仪的凳面（椅面），双腿并拢，大腿与地面平行，髋关节、膝关节均呈90度角，躯干直立，肩胛部、骶部与立柱相贴，头部处于法兰克福平面（即眼耳平面），上肢无支撑，自然下垂。读数时，测试者应两眼平视。

2. 青少年身体宽度、厚度相关指标的测量

（1）青少年肩宽的测量

肩宽是指左右两侧肩峰之间的直线距离。研究表明，肩部较宽有利于肩带肌力量的发展。在青春期，男生肩宽增长的高峰期每年大约是1.6厘米，而女生大约是1.3厘米。由于男生肩宽增长速度快且持续时间长，因此成年后男性与女性的肩宽存在性别差异，男性肩宽一般比女性大。我国

18～25岁男性肩宽约38.6厘米，同年龄段女性肩宽约35厘米。因此，男性的肩部力量比女性强。在体育运动项目中，吊环项目对肩部力量要求较高，女子很难完成，因此没有女子吊环。

肩宽的测量：在对青少年进行肩宽测量时，要求被测者两脚自然分开，与肩同宽，身体直立，两臂下垂，肩部放松。测试人员可以沿着肩胛骨的肩胛冈向肩的外上方触摸，肩胛冈末端外侧缘即为肩峰，然后用马丁尺或测径规测量两侧肩峰之间的直线距离。

（2）青少年骨盆宽度的测量

骨盆宽度是指两侧髂前上棘之间的直线距离。在青春期之前，男孩和女孩在骨盆宽度方面差异较小，青春期末，女性骨盆宽度和男性仍然接近。城市男孩与女孩的骨盆宽度在20岁时分别约为27.12厘米和27.11厘米。

青春期前男女肩宽与骨盆宽度差异较小，青春期末，女性肩宽明显不如男性，但骨盆宽度与男性接近。我国城市女生20岁时肩宽平均为34.85厘米，男生平均为38.46厘米；女生骨盆宽度平均为27.11厘米，男生平均为27.12厘米。由于青春期男性肩宽发展较快，女性肩宽发展较慢，因此最终男生会形成肩部较宽，髋部相对较窄的男性体型，女孩最终形成肩部较窄、骨盆较宽、臀部丰满的女性体型。肩部较宽，骨盆较窄，会呈现出"倒三角"型，这样的体态比较优美，一般认为，这种体型有利于运动。

（3）青少年胸廓的左右径与前后径的测量

人类的胸廓，左右径大而前后径小。胸廓左右径和前后径之比一般为4∶3。若青少年胸廓左右径和前后径之比接近于1∶1，从水平切面来看，近似于圆形，从立体来看，整个胸廓呈桶状，这种胸廓形态被称为桶状胸。若青少年胸廓左右径小于前后径，则类似于家禽中鸡的胸廓，称为鸡胸。鸡胸和桶状胸均属于异常胸廓形态，在儿童期多见，胸廓外观畸形，形态不雅观。部分青少年甚至出现胸廓容积缩小，肺部发育不良的情况，且容易患呼吸系统疾病，运动耐力相对较差，容易疲劳。

胸廓形态的测量：采用测径规或马丁尺分别在胸廓两侧最宽处和胸廓前后进行测量。

3. 青少年身体围度相关指标的测量

(1) 青少年臂围的测量

青少年的臂围测量包括上臂围的测量和前臂围的测量。上臂围的测量又包括上臂放松围和上臂紧张围。上臂紧张围是指在上臂肌肉用力收缩的情况下，测得的上臂围度。上臂放松围是指在上臂放松的情况下测得的上臂围度。一般来说，上臂的紧张围与肩臂肌肉力量呈正相关。上臂紧张围和上臂放松围的差值越大往往肌肉力量也相对较大。

测量方法：上臂围采用皮尺在肱二头肌中点进行测量，即上臂最粗处，肱二头肌收缩时测得紧张围，放松时测得放松围。前臂围则在前臂上部最粗处进行测量。

(2) 青少年胸围的测量

胸围是衡量青少年身体发育情况的一个代表性指标，可以反映胸廓、胸部肌肉、呼吸系统及女性乳房的发育情况。胸围的大小受性别、年龄、体育锻炼、生活方式、营养条件、劳动等多种因素影响。呼吸差是深吸气末胸围与深呼气末胸围之差，能够在一定程度上反应青少年呼吸功能的强弱。

测量方法：要求青少年身体直立，两臂自然下垂，肌肉放松，测试者把皮尺上缘置于背部肩胛下角，并绕至前方，整个皮尺在同一水平面上即可；或将皮尺下缘置于乳房未发育女性及男性乳头上缘；对于乳房已发育女性，则将皮尺下缘置于乳头上方第四胸肋关节处。应在受试者平静状态下读取数值，即呼气之末，吸气未开始时。

(3) 青少年腰围的测量

腰围是指经脐部中心的腰部水平围度。腰围能够反映腹部皮下脂肪的厚度、腹腔及内脏气管脂肪量的多少及营养情况，同时也是评价人体体型的重要参考，并常被用于评价健康状况和健康风险。腰围每增加10厘米，死亡风险便会增加11%；而腰臀比每增加0.1个单位，死亡风险会增加20%。这两种关联性在女性中表现得更强。体脂分布与性别有关，雌激素会增加脂肪在大腿和臀部的储存，减少脂肪在腹部的储存。因此，一般来说，相同身高水平下，男性的腰围往往会更粗，而女性则是臀围更大、大腿更粗。

腰围的测量：采用软尺置于脐部中心，皮尺水平，所测得的围度即为腰围。读数应该在呼气之末，吸气未开始时。

（4）青少年臀围的测量

臀围是臀部向后突出最高点处的水平围度，它反映髋部骨骼、肌肉的发育情况以及脂肪的囤积情况。雌激素会增加脂肪在臀部、大腿的囤积，因此女性臀围往往较大。臀部所储存的脂肪中包括了 DHA，而 DHA 对胎儿大脑的发育有重要作用，因此对后代的认知能力有较好影响。

臀围的测量：要求青少年身体直立，两腿并拢，手臂自然下垂，皮尺经前方的耻骨联合绕至后方臀大肌最高点处，测得臀围。注意皮尺一定要水平放置。

4. 青少年体重的测量

体重即身体的重量。青少年体重的增加除了与骨的发育密切相关外，还与肌肉、内脏、脂肪的生长有关。体重适当是青少年健康的标志之一。体重过轻表明营养不良，会导致免疫力低下、溃疡、眩晕、厌食症、女性不孕不育、月经不调，老年人还会出现骨质疏松；体重过大，则会导致心脏病、糖尿病、动脉粥样硬化、脂肪肝、胆结石、水肿、痛风等多种疾病的发生，还会引起关节软组织损伤、生殖能力下降。体重常常与其他指标一起形成派生指标。

体重的测量：一般采用体重计、身高体重计、杠杆秤等。

（二）青少年身体成分的测量与评价

身体成分是指体内各种成分的含量比例。人身体的总重量可以分为脂肪重量和非脂肪重量（即去脂体重）。脂肪重量占身体总重量的百分比叫作体脂百分比。去脂体重又包括骨骼重量、肌肉重量、身体内的水分重量等。而体内的水分又包括细胞内液和细胞外液。在评价青少年体质健康时，不能仅仅看体重是否超标，还要看体脂百分比。例如：某青少年体重超过了正常范围达到超重水平，但其体重超标主要是肌肉骨骼的重量导致的，脂肪含量在正常水平，那么这样的青少年往往肌肉力量较好，身体壮硕，是体质良好的表现。

1. 青少年身体成分的测量方法

对青少年进行身体成分的测量与评价时，体脂百分比是关键性指标。目前，身体成分测量方法主要包括皮褶厚度法、双能量 X 射线吸收法、水下称重法、体重指数法、超声测定法、生物电阻抗法等。

（1）皮褶厚度法

采用皮褶厚度法测量青少年的身体成分需要使用的仪器是皮褶厚度计。要求受试者身体直立，全身放松，露出被测部位，测试者左手食指和拇指相对用力将测试部位的皮褶捏起，右手持皮褶厚度计并张开卡钳，卡住被捏起部位下方约 1 厘米处，待指针停止后立即记录数值，为了减少测量误差可以测试 3 次取中间值或两次相同值。同时，将数据代入公式或查表得出体脂百分比，计算出身体的体脂含量。常用的测试部位包括：肩胛下角、肱三头肌中点、脐水平线与锁骨中线相交处、髂嵴上缘与腋中线相交处。

（2）水下称重法

这是一种通过水下称重对身体比重和密度进行测量，并推算出身体脂肪重量和去脂体重的方法。这一测量方法比较准确合理，并常被用来评价其他测量方法的有效性。人体由多种组织构成，每种组织所占比例不同，因此不同个体的身体密度就不同。当人体浸于水中所排开的水就是人体体积，因此结合体重就可以计算出人体的密度，根据密度即可推算出体脂百分比。

（3）生物电阻抗法

人体脂肪和非脂肪组织的电阻不同、导电性不同。利用体表电极向被测者体内输入微量的单频率或多频率的电流，当电流通过身体的脂肪与非脂肪组织时电阻存在差异，通过测量电流计算电阻，从而推算出身体的脂肪含量和体脂百分比。这种过程相对复杂，很难手工测量，因此往往采用生物电阻抗身体成分分析仪进行测试。

(4) 双能量 X 射线吸收法

光子在穿透人体不同组织时会存在不同的衰减。例如，光子通过脂肪组织和骨组织时的衰减是不同的。因此，该方法是采用两种能透过身体的不同能量光子，在通过身体不同组织时，记录两种光子的能量衰减程度，从而推算出身体各种组织的含量的方法。

2. 青少年身体成分的评价

(1) 身体质量指数

身体质量指数即 BMI，是国际上常用的评价身体成分、人体胖瘦程度和是否健康的指标。BMI= 体重（千克）/ 身高^2（米）。一般来说，成人 BMI 小于 18.5 为体重过轻，BMI 为 18.5～24.9 属正常，超过 25 为超重，超过 28 为肥胖。儿童、青少年 BMI 为 15～18 属正常，为 19～21 属超重，大于 22 为肥胖。

(2) 体脂百分比

一般来说，成人的体脂百分比，男性为 6%～18%，女性为 10%～20%，如果男性体脂百分比 >25%、女性体脂百分比 >30% 即为肥胖。

(三) 青少年身体姿态的测量与评价

身体姿态是身体环节在立体空间中相对位置的集合，简称体态。从解剖学角度来说，身体姿态需要骨骼、关节、肌肉，甚至结缔组织系统（包括肌腱、韧带、肌膜）等之间的相助协作。因此，身体姿态能够在一定程度上反映骨骼、关节、肌肉之间的力学关系，并关系到对脏器官的影响以及神经系统的调节作用。正确良好的身体姿态能够让青少年更好的发育，保证各器官系统的功能正常，缓解肌肉韧带紧张，预防畸形发育。身体姿态的测量与评价包括脊柱、胸廓、腿型、足型的检查。

1. 青少年脊柱形态的测量

人体的脊柱由 7 块颈椎、12 块胸椎、5 块腰椎、1 块骶骨、1 块尾骨构成，位于背部正中。人体的脊柱从正前方和正后方看，均在一条直线上。从侧面看，人体的脊柱呈现 S 型的生理弯曲（图 2-1）。其中，颈曲向前，胸曲向后，腰曲向前，骶尾曲向后。人体正常直立时，脊柱左右肌肉力量均等，呈平衡状态。脊柱是躯干的重要组成部分，能够保护胸腔、腹腔内的脏器，保护椎管内的脊髓。脊柱可以进行屈伸、侧屈、环转等运动。在体育运动中，脊柱还有维持平衡、承担负荷、缓冲震荡的作用。青少年要注意良好身体姿态的养成，如果青少年经常处于不良的身体姿态就容易引起的脊柱变形甚至畸形发育，比如驼背、脊柱侧弯等，会影响青少年的身体形态美，导致颈部、背部、腰部肌肉劳损，胸廓变形，甚至出现椎间盘突出、神经痛等症状。

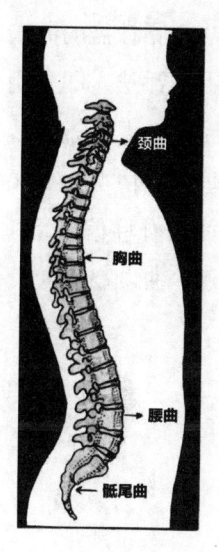

图 2-1 脊柱的正常生理弯曲

（1）青少年脊柱前后位曲度的测量与评价

传统脊柱形态测量法：传统的脊柱弯曲度测量一般采用脊柱曲度测量仪，要求受试者站于"脊柱曲度测量仪"的踏板上，身体自然直立，背部紧靠测量仪立柱，测试人员推动测量仪上的小棍向前，使之与受试者脊柱相接触，此时通过读取小棍上的刻度即可了解颈曲和腰曲的大小。

脊柱正常时，青少年头部正直，耳、肩峰、股骨大转子、外踝尖呈一条直线。如果青少年头部前倾、耳朵向前偏离肩峰，腰曲小于 2 厘米则可判定为驼背。如果胸曲和腰曲消失，耳向后偏离肩峰垂线则可判定为直背。如果头部向后，耳向后偏离肩峰垂线，腰曲大于 5 厘米，则可以判定为鞍背。

简易手工检查法：要求青少年靠墙站立，测试者手掌尝试穿过颈曲和腰曲。若均能穿过，但半握拳时不能穿过，则为正常脊柱。若测试者手掌均不能穿过颈曲和腰曲则为直背。测试者半握拳能够穿过颈曲则为驼背。测试者半握拳能够穿过腰曲为鞍背。

（2）青少年脊柱侧弯的测量与评价

人体正常的脊柱形态应该是在一条直线上，因此从背后观察整个躯干应是两侧对称状态。两个肩胛下角在一条水平线，两侧肩峰在一条水平线，两个肩胛冈呈对称分布，两侧骨盆的髂嵴对称分布。

脊柱侧弯的检查一般采用重锤法，即先用手指在脊柱的棘突顶端自上而下适度用力下划，使脊柱后方出现一条红线，再用一垂线置于脊柱后方进行对比，观察棘突偏离重垂线的情况。如果脊柱偏离重垂线，则用直尺或卡尺测量最大偏离距离，如果脊柱偏离重垂线 0.5 厘米，则可诊断为脊柱侧弯。如果脊柱整体向一侧弯曲则为"C"型侧弯，如果脊柱向两侧弯曲则为"S"型侧弯（图 2-2）。

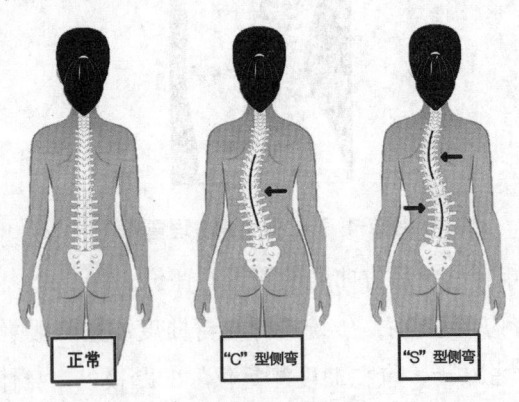

图 2-2 脊柱侧弯

2. 青少年胸廓形态的测量与评价

胸廓由 12 块胸椎、24 根肋骨和 1 块胸骨构成。胸廓的功能主要是呼吸运动和保护胸腔内的脏器，对人的呼吸功能尤为重要。胸廓的形态主要由胸廓的左右径与前后径决定。正常人的胸廓，左右径与前后径之比为 4 ∶ 3 左右（图 2-3）。

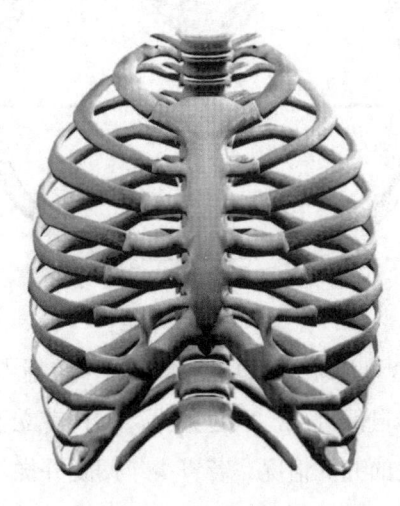

图 2-3 胸廓形态

除了正常的胸廓形态之外，异常的胸廓形态有四种，即桶状胸、鸡胸、漏斗胸、不对称胸。若青少年胸廓的左右径与前后径大约相等则为桶状胸。左右径小于前后径则为鸡胸，表现为胸骨向前凸出。若胸部中央凹陷，则为漏斗胸。若胸廓左右不对称，则为不对称胸，主要是脊柱侧弯所致。这四种异常胸廓发育形态除了影响美观之外，还会影响青少年的身体姿态和运动能力，严重的还会影响呼吸功能，甚至经常出现肺部及呼吸道炎症。

3. 青少年腿型的测量与评价

人类的正常腿型左右对称，双腿在一条直线上，呈现出良好形态（图 2-4）。正常腿型不仅美观，而且有利于青少年下肢力量的发展，有利于形成较好的运动能力，进而保持青少年良好的运动习惯，实现体质改善的目的，使人有良好的体质和生活质量。婴幼儿时期姿势不良、营养不当、过度负重、佝偻病、小儿麻痹症、不健康的生活方式等都可能导致下肢的发育异常。

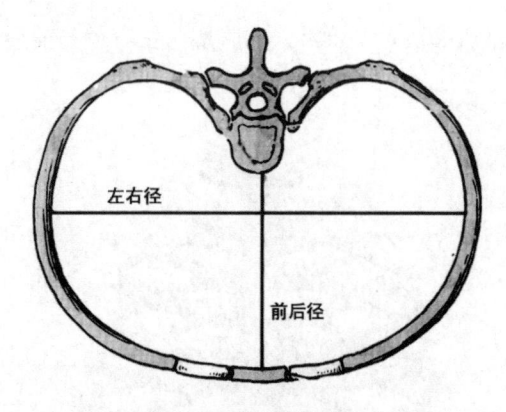

图 2-4 标准腿型

青少年腿型检查可以采用直尺、测距规、游标卡尺或皮尺。要求受试者除去鞋袜,身体自然直立,双腿并拢,测试者立于受试者的正面,观察受试者双膝和双足的并拢情况。若青少年两腿并拢,双足、双膝均能合拢,则表明腿型正常。若青少年两腿并拢之后,双足或双膝不能合拢,则需进一步测量两足或两膝间距。异常腿型包括 O 型腿、X 型腿等(图2-5)。若青少年两足能合拢,但两膝间距超过 1.5 厘米以上则为 O 型腿。若青少年两膝能合拢,但两足间距超过 1.5 厘米以上,则为 X 型腿。

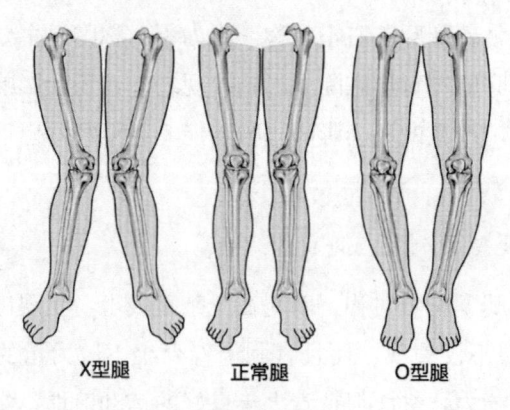

图 2-5 腿型

4. 青少年足型的测量与评价

青少年的足型检查主要是指对青少年的足弓高度进行测量。正常的足型对维持良好的身体姿态和减轻足底压力、体育运动时的落地缓冲等均有重要作用。如果青少年足弓高度低于正常水平，甚至消失，则会形成扁平足（图2-6）。由于失去了缓冲作用，足底压力增大，长时间走路或运动会导致足底疼痛，也会影响青少年的运动能力。

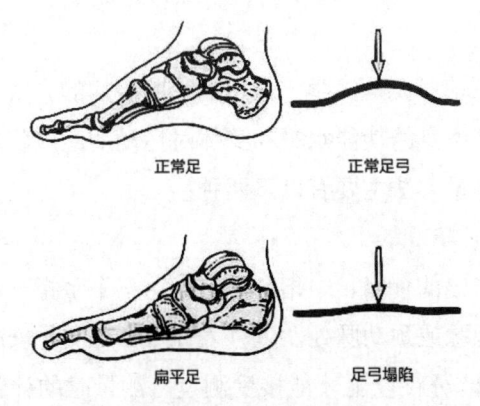

图 2-6 扁平足评价标准

足型检查的最常用方法为印迹法。首先提前几天将白纸在 10% 亚铁氰化钾溶液里浸透，并晾干；然后在一盆内铺上脱脂棉，再将 10% 三氯化铁溶液倒进盆内，使之浸透；要求受试青少年脱去鞋袜，在盆内脱脂棉上踩一下，要求足底完全浸湿；最后在预先准备好的白纸上留下完整足印（要求一次印成，不可移动）。根据足印对足型进行评价，一般可以分为如下四种：

第一种，足印内侧弓在第二线右侧，为正常足弓。

第二种，足印内侧弓在第二线附近，为轻度扁平足。

第三种，足印内侧弓在第二线左侧，在第一线右侧，为中度扁平。

第四种，足印内侧弓达到或越过第一线（在第一线左侧），为重度扁平。

二、青少年身体机能的测量与评价

身体机能是指人体各细胞、器官和系统的功能能力，以及各器官系统和身体各部分之间相互协调配合，适应外部环境变化并提升自我的能力。评价体质健康水平是一项复杂的工作，身体机能指标是评价体质健康的重要指标群之一。身体机能的评价主要是应用医学理论、医学方法及相关实验技术来实现。在身体机能指标中，最重要的是心肺功能。

（一）青少年心血管机能测试与评价

1. 脉搏

人体脉搏的频率不仅是医学上常用的诊断疾病的方式之一，也是人在运动状况下心血管本身的功能水平和身体对运动的适应状况的一个直观反应，人体脉搏的测量方法主要有以下两种：

（1）指触法

检测人员将自己的食指、中指和无名指这三个手指一起轻轻地搭在测试者的手腕部桡动脉或颈动脉处，以秒表计数。在测量安静脉搏之前，测试者至少要静坐 30 分钟以上才能接受测量。测量时的计数实践，不能过短，要多于 30 秒。在测量测试者的运动后即刻与恢复期的脉搏之时，计数时间要稍短一些，10 秒或 15 秒即可，在测量完成后，将测量结果换算成一分钟脉搏并将之作为评价依据。

（2）遥测心率

这种测量方法可以使用心率遥测仪来帮助实现。在进行测量时，检测人员要先按照说明书调节好心率遥测仪的各个功能键，然后根据测试者的体型情况合理调节松紧带，帮助测试者正确穿戴好发射传送带，将导电膏或清水涂抹在发射电极处。观察遥测仪屏幕的数据，记录心率。

2. 血压

血压是指循环管道中的血液对血管壁的侧压力。在心脏收缩时，大量血液通过主动脉并输送到全身各处，此时血管中的压力较大，我们称之为收缩压。当心脏舒张时，血管弹性回缩推动血管内的血液继续运行，此时血管内压力较小，我们称之为舒张压。血压的正常范围是：收缩压 90mmHg～140mmHg，舒张压 60mmHg～80mmHg。传统的血压测量常使用水银血压计，近年来电子血压计的使用逐渐增多，电子血压计又分为臂式血压计和腕式血压计。青少年在青春发育期由于血管发育速度比心脏发育速度慢，因此部分人会出现血压升高的现象，称为青春期高血压。青春期高血压如果没有明显的症状则不需理会，因为随着年龄的增长会自然恢复正常，若有明显的临床症状则需在医生的指导下进行治疗。

（二）心肺功能的测量与评价

1. 最大摄氧量

当人体在进行较长时间的剧烈运动后，心肺功能和肌肉利用氧的能力达到人身体的极限之后，每分钟内人体能够摄入的氧气量就被称为最大摄氧量。最大摄氧量可以综合反映人体的吸氧、运氧和用氧能力。

青少年最大摄氧量的测定包括直接测定法和间接测定法。直接测定法需要专业的仪器设备辅助，测试者要在这些仪器设备上进行逐级递增的运动试验以完成测试。直接测定法的测量结果准确性高，但是由于操作起来比较复杂，且并不适用于老年人、少年或体弱者。因而，在实际运用中，间接测定法才是比较常用的测定法。

正常男性青少年的最大摄氧量为 35mL/(kg·min)～40mL/(kg·min)，女性为 27mL/(kg·min)～31mL/(kg·min)。

2. 肺活量

肺活量是人体在最大深吸气后，再做最大呼气时排出的气量。人体肺活量的大小受年龄、性别、胸围、体重、体表面积、呼吸肌发达程度、体育锻炼情况等多种因素影响。不同个体的肺活量差异是比较显著的。肺活量是评价人体呼吸系统机能的重要依据之一。

正常青少年的肺活量是 2500mL～4000mL。肺活量也与性别有关，男性肺活量一般在 3500mL～4000mL，女性 2500mL～3000mL。

三、青少年身体素质的测量与评价

每个个体在进行运动时所展现出的耐力、速度、力量、灵敏性等都是不同的，就是因为每个个体的身体素质存在着很大的差异。个体的身体素质既与人体的生理因素相关，也与平常的运动训练状况和营养摄入等情况有很大的关联。在衡量一个人的身体素质如何时，常会综合考量这个人的走、跑、跳、投、爬等方面。恰当的运动也能很好地提高人体的身体素质。因此，要提高人体的身体素质可以通过日常的运动锻炼来实现。

（一）青少年速度素质的测量与评价

速度素质是用于描述人体快速运动能力的名词。速度素质可以分为反应速度、动作速度和周期性运动的位移速度三类。

反应速度是衡量人体各种刺激快速应答能力的一项指标，主要受反射弧效率的影响，一般用反应时来表示，如赛场上从发令枪响到运动员蹬离起跑器的时间。动作速度是指人体快速完成动作的速度快慢，如篮球运动员完成一次运球的时间、羽毛球运动员的一次挥拍时间、体操运动员的一个转体时间等。位移速度是指在周期性运动中人体单位时间内的移动距离大小，如速滑运动员的滑冰速度、田径运动员的跑步速度、自行车运动员的骑行速度等。位移速度往往通过个体完成固定距离所用的时间来表示。在学生身体素质测试中，速度素质一般用50米跑的成绩来衡量。通常，男生50米跑的标准为7.2s～12.6s；女生50米跑的标准为8.4s～13.8s。

（二）青少年力量素质的测量与评价

力量素质是青少年必须具备的基本身体素质之一。力量素质是指肌肉收缩时克服阻力的能力。力量素质是其他运动素质的基础，力量素质不好的人往往其他素质也较差，力量素质好的人往往其他各项素质也相对较好。青少年的力量素质随着年龄的增长而逐渐升高，在30岁以后开始下降。进行适当的力量锻炼可以促进力量的提升，而长期不锻炼则会使力量下降，长期卧床的病人甚至会出现废用性的肌肉萎缩。根据不同的划分标准，可以将力量素质划分为不同的类型：将其按照肌肉的收缩形式，划分为静力性力量和动力性力量两个类别；若是依据力量与体重之间的关系，可以划分为绝对力量和相对力量两类；若是以力量的时效性来区分，可以分为爆发力和力量耐力；按照青少年身体的不同部位，又可以分为躯干力量、上肢力量、下肢力量等。

1. 青少年力量素质测定的常用方法

力量素质的测量方法是比较多样的，有简单的也有复杂的。

（1）青少年握力测试

青少年握力的测试可以采用握力计。接通电源以后，把握力计数据归零，要求青少年身体直立，单手持握力计的握把尽最大努力进行抓握，连测三次，取最大值作为最终测试结果，并以千克为单位记录读数。正常男性青少年正常握力范围为39kg～44kg，正常女性青少年握力范围为20kg～27kg。

（2）青少年背力测试

背力测试主要考查青少年的背部力量，一般采用背力计进行测试。要求青少年站立在背力计踏板上，将背力计的拉手调到与膝关节齐平的位置，双腿伸直，背部发力，直臂上拉，尽可能地将背部力量充分发挥，直至读数不再变化为止，连测三次，取最大值作为最终测试结果，小数点后保留两位，并以千克为单位记录读数。正常男性青少年背力范围为101kg～139kg，正常女性青少年背力范围为48kg～72kg。

（3）青少年下肢力量测试

青少年下肢力量同样采用背力计进行测试。要求青少年受试者站于背力计踏板上，将背力计的拉手调到与膝关节齐平位置，双腿弯曲，背部挺直，下肢发力，尽可能地将下肢力量充分发挥，直至读数不再变化为止，连测三次，取最大值作为最终测试结果，小数点后保留两位，并以千克为单位记录读数。正常男性青少年下肢力量范围为255kg～369kg，正常女性青少年下肢力量范围为120kg～195kg。

（4）青少年上肢力量测试

青少年的上肢力量可以采用俯卧撑进行测试。建议在平坦的硬质地面上进行。要求青少年呈俯卧位，用双手撑地与肩同宽，躯干挺直，脚尖触地，两臂伸直。测试开始后，身体下压，双臂弯曲，身体保持平稳匀速下落，直至胸部接近地面再立即撑起，双臂伸直，还原开始姿势。要求青少年尽全力完成，记录完成正确动作的最大次数。正常男性青少年一分钟内完成的俯卧撑个数为 20～31 个，正常女性青少年一分钟内完成的俯卧撑个数为 15～18 个。

（5）青少年躯干屈肌力量测试

1 分钟仰卧起坐：青少年取仰卧位，两腿并拢，膝关节屈曲 90°，双手交叉抱于胸前或置于耳侧，同伴双手压住并固定受试者双足。测试开始后，受试者迅速起坐，双肘触膝，然后还原成仰卧位，后仰时两肩胛骨须触及地面或垫子，然后再次快速坐起，测试者记录青少年 1 分钟内完成动作的次数。正常男性青少年一分钟内完成的仰卧起坐个数为 11～48 个，正常女性青少年一分钟内完成的仰卧起坐个数为 10～28 个。

1 分钟仰卧举腿：仰卧举腿和仰卧起坐相似，都是评价躯干屈肌力量的方法。青少年仰卧于垫上，两臂置于体侧，两腿伸直并拢。测试开始后，青少年膝关节伸直用力收腹屈髋，抬腿至 60°，然后放下触及仰卧平面，记为完成 1 次，测试者记录青少年 1 分钟内完成动作的总次数。在测试过程中，受试者不得借力。下肢下落时动作不能过快，且在测试过程中双膝呈伸直状态。

（6）青少年引体向上测试

引体向上一般需要在单杠上或模拟单杠上进行测试。要求青少年双手正握单杠，身体自然悬垂，肘关节伸直。测试开始后，青少年双臂同时用力屈肘，向上牵拉身体，下颌骨超过单杠为有效次数，然后放松恢复成开始时的直臂悬垂姿势，测试者记录受试者连续完成动作的次数。注意测试时不得通过摆动、晃动身体借力。正常男性青少年完成单杠引体向上个数为 12～13 个，进行单杠有困难者及女性可用斜板进行引体向上，正常女性青少年完成斜板引体向上个数为 11～16 个。

（7）青少年立定跳远测试

青少年立定跳远是评价下肢爆发力和力量素质的常用方法。立定跳远一般在田径场沙坑进行测试，也可在平坦、不滑的地面上进行。要求青少年双脚站立，脚尖不得越线。测试开始后，青少年膝关节微屈进行预蹲，双臂前伸，然后下肢全力蹬地，手臂迅速后摆，身体向前上方腾空跳跃，双脚前伸，腹部用力团身落地。测试者测量起跳线至落地点的最近距离，结果保留两位小数，并记录测试结果。青少年受试者可重复测3次，以最好成绩作为最终测试结果。正常男性青少年立定跳远距离范围是155cm～280cm，正常女性青少年立定跳远距离范围是140cm～230cm。

（8）青少年纵跳摸高测试

青少年纵跳摸高是测试下肢爆发力的一种方法。可以采用手工测量和仪器测量两种方式。手工测量时，受试者身体直立站在黑板前手臂外展并充分上举，在最高点用粉笔做一标记，然后手指沾点滑石粉，原地下蹲并迅速起跳，在达到最高点时用手触摸黑板，滑石粉会在黑板上留下印记，测量两个印记之间的距离即为纵跳高度。采用仪器测量时，测试者打开纵跳测试仪开关，受试者踏上纵跳板，双腿屈膝下蹲，然后双腿同时发力，全力起跳，两腿伸直，测试者记录仪器显示数值，可以测试3次，以最大值作为最终成绩。正常男性青少年纵跳高度范围是50cm～53cm，正常女性青少年纵跳高度范围是28cm～33cm。

2. 青少年力量素质测试的注意事项

第一，测试前，要做好器材、服装、鞋袜的安全检查，青少年受试者应穿宽松、舒适、有弹性的运动服和合适的运动鞋，一方面有利于运动，另一方面也相对安全。

第二，要充分做好准备活动，防止运动损伤和意外伤害。测试人员可以带领青少年受试者做好充分的准备活动。

（三）青少年耐力素质的测试与评价

耐力是指人体持续进行长时间身体活动的能力。耐力既可以分为有氧耐力和无氧耐力，又可以分为力量耐力、速度耐力。青少年的力量耐力指青少年肌肉在对抗阻力的情况下持续收缩的能力，速度耐力则是指青少年维持长时间快速运动的能力。

1. 青少年耐力素质的测试与评价

青少年耐力素质的测试方法很多，在小学阶段一般用50米×8折返跑来评价小学生的耐力素质。中学阶段以上一般用800米跑的成绩来评价女生的耐力素质。而初中以上年龄的男生一般用 1000 米跑的成绩评价耐力素质。测试青少年耐力素质的另一种方法是 12 分钟跑，通过记录 12 分钟内被测试者跑了多少距离来评定他的有氧耐力水平。当然 12 分钟跑运动量较大，一般适合身体素质较好的青少年。静坐少动者、心血管疾病患者一般不宜用 12 分钟跑进行测试，具有一定的危险性。

2. 青少年耐力素质测试的注意事项

第一，受试者应穿着宽松有弹性的运动服装，并穿上舒适的运动鞋，否则会影响运动能力的发挥。

第二，在耐力测试前应做好准备活动，防止肌肉拉伤，并能提高运动成绩。

第三，耐力测试运动量较大，运动过程中可能会出现"极点"，运动者应用自己的意志力克服，然后可以迎来"第二次呼吸"，测试完成后要进行积极性休息，如按摩、放松活动和整理活动，以免出现延迟性肌肉酸痛。

（四）青少年灵敏素质的测试与评价

灵敏素质一般是评价受试者在面临复杂环境时，快速且准确地调整运动中身体姿态或运动方向的能力。灵敏素质有三个特点：①快速，身体反应要快。②变化，体现在需要改变运动姿势和方向的时候。③随机应变，身体的反应、变化等都是随机应变的。

1. 青少年灵敏素质的测试方法

（1）10 米 ×4 往返跑测试

10 米 ×4 往返跑测试一般需要在平坦的跑道上进行。

受试者在起点做好准备姿势，听到口令或哨声后，快速冲向 10 米之外的折返线，然后用手快速触线后立即回跑，触及起点线后再立即跑向折返线，如此反复 4 次。测试者记录青少年完成 4 次折返所用时间，记录并保留两位小数，测 3 次，取最短时间作为最终成绩。

（2）十字象限跳测试

十字象限跳是青少年灵敏素质测试的常用方法之一。测试需要有一块平坦的场地,还需要秒表、适量的粉笔和口哨。测试前现在在场地上画出相互垂直的两条直线,并在4个区域内,分别写上4个字母或数字。

青少年开始时先站立在某一象限内,测试者进行规则讲解,并告知跳跃顺序,听到开口令或哨音后,双脚并拢,按要求顺序在4个象限内跳跃,跳完4个象限为完成1次测试,然后回到开始象限,如此重复10次,测试者记录完成的总时间,以秒为单位,时间越短则灵敏素质越好。

(3)立卧撑测试

青少年进行立卧撑需要一块平坦的场地和秒表。开始时青少年站立姿势,听到开始的哨音后,迅速下蹲俯卧、双腿后伸,双手撑地形成俯卧撑的开始姿势,然后双手用力撑起,收腿成蹲位,双腿发力,还原站立,至此完成1次动作。测试者记录青少年10秒内总共完成的立卧撑总次数,或记录青少年完成20个立卧撑的总时间。规定时间内完成立卧撑次数越多,灵敏素质越好;规定次数内完成的时间越短,灵敏素质越好。

2. 青少年灵敏素质测试的注意事项

第一,青少年需身穿宽松、舒适、有弹性的运动服和运动裤,运动鞋要防滑,衣服扣袋内不能有钥匙等硬物,否则容易受伤。

第二,体育锻炼熟能生巧,同时身体素质提高运动能力也会提高,青少年对测试内容的熟练程度会影响成绩的好坏,因此建议青少年在测试前应多加练习。

第三,灵敏素质测试时青少年精神高度紧张,因此测试不可持久,不管采用哪种测试方法,都要求在较短时间内完成,测试时间一般在15秒以下为宜。

第四,为了防止运动损伤的发生,在正式测试前,可以由教练、体育老师或其他测试者带领青少年进行充分的热身。

(五)青少年柔韧素质的测试与评价

柔韧的本意是柔软而有韧性。柔韧素质,从本质上来讲是指人体全身关节的运动幅度。而一个关节的运动幅度则是指该关节相邻两环节之间运动范围的极限角度。

柔韧素质是人体的一种重要身体素质。很多的运动项目对柔韧素质都有很高的要求。良好的柔韧素质可以降低日常生活中遭遇意外情况时受伤的概率；改善身体形态，增加身体的美感，提升自身气质；有利于肌肉力量和速度的发挥，加大运动幅度；能够提高关节的灵活性，增加动作的协调优美感；防止、减少伤害事故的发生，延长运动寿命。柔韧素质的好坏与关节构造、关节囊的厚薄及松紧度、关节肌肉、肌腱和韧带多少及强度、关节周围骨突起情况、外界环境的温度、年龄、性别、准备活动情况等有关。

1. 俯卧双臂上抬测试

青少年取俯卧位，下颌着地，两臂前伸，肘关节伸直，两腿伸直，双手与肩同宽，手中正握一木棍，然后两臂用力上抬，保持下颌始终着地，在双臂上抬到最高点时测量木棍（中点）到地面的距离，计算上抬指数（上抬指数＝上抬高度／臂长），该值越接近于1表明柔韧素质越好。

2. 转肩测试

青少年身体直立，两手握一毛巾，两臂同时上抬，保持肘关节伸直，毛巾越过头顶，绕至体后，然后再握住毛巾，双臂由体后越过头顶绕至体前，即为完成。当两臂上抬到达头顶时，如果感觉难以完成，可以适当放松双手，让毛巾在手中自然滑动，增加两手间距。用直尺或钢尺测量两手间距，并记录读数，计算转肩指数（转肩指数＝两手握距／肩宽），转肩指数越小表明肩部柔韧性越好。

3. 背后双手互握测试

青少年身体直立，双腿并拢，两眼平视，一手越过肩部向后，屈肘绕至脑后，置于两肩胛骨中间位置，肘关节尽量上抬；另一手从对侧向下，屈肘并绕至背后，手背与背部皮肤相贴并尽量上伸；两手尽可能在背后肩胛骨中部互握。若双手在背部不能相触，则测量并记录两手中指间距离并记为"-"，若两手刚好相触则记为0，相互能够重叠互握则记为"优"。

4. 转体能力测试

在地面画一直线,并在直线中间点做一圆形标记。青少年立于直线中央,两脚分开对称分布在标记点两侧,双脚与肩同宽,两足跟与线齐平,两臂后伸并屈肘,将一根长约 1.5 米的木棍横夹于体后,木棍与地面平行,且木棍两端长短一致,身体绕垂直轴转体,双脚不能移动,两膝不能弯曲,达到最大范围后,测量者用一重垂线放置于木棍顶端,在重垂线的落地点到直线中心标记点做一条线(或拉一条线),用大量角器测量两线的夹角即为青少年的转体角度,角度越大柔韧素质越好。

5. 坐位体前屈测试

青少年坐于垫上,两膝关节伸直,两脚置于坐位体前屈测试仪的测试板上并紧紧相贴。躯干前屈,两臂前伸,指尖触及游标并尽力前推,直至无法继续向前为止,读取游标刻度,指尖未达到测试踏板成绩为"-"值,指尖刚好达到测试踏板成绩为"0",指尖越过测试踏板为"+"值,数值越大表明柔韧素质越好。

四、青少年心理健康的测量与评价

世界卫生组织提出,健康应该包括躯体健康、心理健康和社会适应健康。因此,心理健康是青少年健康的重要组成部分。从更广泛的意义来讲,心理健康是指人的心理各个方面及相关的活动过程持续处于正常或良好的状态。更确切地说,良好的心理健康状态应该是持续保持智力正常、认知正常、情感适当、意志合理、态度积极、行为恰当、性格完好、适应良好的状态。目前,学术界越来越重视青少年学生的心理健康,许多学校都设有心理健康中心或心理咨询室。但在目前的体质与健康测试与评价中,心理健康的测评还不多见,说明社会对心理健康重要性的认识还不充分。

(一)心理状态评价概述

当人们处于良好的心理健康状态时,面对外界的各类环境变化时,都能够保持良好情绪与心理状态。

人的心理状态中的情绪对于人体的生理是具有重要影响的。从已有的研究来看，当一个人精神上比较愉悦，且心情舒畅的时候，这个人的中枢神经系统会达到一种最佳机能状态，可以将体内内分泌器官、腺体、组织的活动调节平衡，人体就会充满活力，身体也会健康。要保持一个良好的心理状态，就需要保持情绪的相对稳定，保持乐观积极的心态，以较平和的情绪来面对生活中遇到的困难。

在当前的体质与健康评价当中，心理状态测评还处于不断的发展之中，还未成熟起来。一般来说，常会选择一些具有较高的可信度和效度的量表，以及一些测量仪器来作为心理状态测评的工具。

（二）青少年心理状态测量与评价方法

1. 症状自评量表

症状自评量表（SCL-90）是世界上使用最为广泛的心理健康测试量表之一。由于该量表有90项症状清单，因此被称为SCL-90。该量表于1975年由德若伽提斯（L.R.Derogatis）编制，共有90个项目，从思维、感觉、意识、情感、行为、睡眠、饮食、生活习惯到人际关系等多方面，量表由10个维度组成，评定受试者是否有特定的心理症状及其严重程度。该量表可以自测，也可以对其他人进行测试，测试中如发现得分较高，还应该进行进一步的筛查。在测试中若量表某维度的平均分超过3分，则表明该维度症状已达到中等以上严重程度。

2. 简明健康调查量表

简明健康调查量表（SF-36）是1988年由波士顿健康研究所开发出来的一个普适性健康测评量表，1991年被翻译成中文版。该量表由36个条目组成，故被称为SF-36。该量表共有8个维度，包括总体健康、生理功能、躯体角色、身体痛觉、情感角色、精神健康、精力状况、社会功能。

3. 中学生心理健康测评量表

中学生心理健康测评量表（MSSMHS）是我国学者编制的为数不多

的量表之一。该量表主要是对中学生的心理障碍或心理健康问题进行测评。该量表分为焦虑、抑郁、强迫症、学习压力、心理不平衡、情绪不稳、人际关系敏感、适应能力差、偏执、敌对10个维度，共计60个条目。

4. 焦虑自评量表

焦虑是心理学上的专业名词，对自己或亲人的安全、命运、前途等过度担心，呈现出较为烦躁的情绪。该情绪可能包括忧愁、挂念、不安、恐慌、着急、紧张等中的一种或多种。焦虑自评量表（SAS）是美国心理学家贝克（William W.K. Zung）编制的，往往被用于测量焦虑状态轻重程度，或者受试者的治疗效果。焦虑自评量表与抑郁自评量表（SDS）类似，均有普适性。在受试者填写完毕后，将得分相加即可得到总分。

5. 抑郁自评量表

抑郁是一种典型的不良情绪。抑郁症是最常见的心理疾病之一。抑郁症患者往往情绪低落、意志消沉、自卑，有的患者感觉胸闷、气短，也有的患者会出现幻听、被害妄想症、多重人格、痛苦、悲观、厌世、消极、逃避，甚至有自杀倾向，或实施自杀行为。我国对抑郁症的识别率较低，近年来发现抑郁症的发病（自杀事件）已开始出现低龄化趋势，有大学生，甚至中小学生出现自杀行为。抑郁自评量表（SDS）是1965年美国心理学家贝克编制的，可供有抑郁症状者自评，包括住院及门诊患者。该量表是4级评分量表，包括20个项目。该量表使用简单，目前被广泛用于科研、临床诊断、情绪评定等领域。受试者填写完毕后，将各题项的分数相加就可以得到总分。分值越低状态越好，SDS标准分≥50可以判定为抑郁症。

五、青少年适应能力的测量与评价

适应能力是指人体在外界自然环境、社会环境发生变化时，进行自我调整，以维持人体内环境的相对稳定，并维持健康的能力。青少年要维持体质健康的良好状态就必须要维持身体内部环境的相对稳定，并在此基础上不断提升各器官系统的技能水平,而外界环境的变化会影响人体内环境,甚至会导致内环境稳定性的破坏,这样人就会产生疾病。因此,人体适应外界环境变化维持内部环境稳定的能力就非常重要,我们把它称为适应能力。影响内部环境稳定性的外在因素有两个:一个是自然环境,另一个是社会环境。

(一)青少年对自然环境的适应能力

青少年对自然环境的适应能力是指青少年协调自身应对外界自然环境变化来维持身体内部环境相对稳定的能力。外界的自然环境又可以分为生物环境、物理环境、化学环境等。生物环境对人体的健康有重要影响,例如自然界的细菌、病毒,容易造成身体的感染而产生疾病,细菌、病毒越多青少年就越容易患病,因此对青少年要进行卫生教育,如饭前要洗手、不乱丢垃圾、不乱吐痰都是为了减少青少年周围生物环境的恶化、预防疾病的发生。物理环境同样对健康有诸多影响,例如夏季外界环境温度很高,有时会超过人体的正常体温,青少年如果长期处于高温环境中就会使体温蓄积升高,从而发生中暑,但如果青少年体温调节能力较好,那么在一定时期内可以通过出汗的方式把身体内部的热量带到体表,并进行蒸发散热,来维持体温的正常,这就是青少年对高温的适应能力。

(二)青少年对社会环境的适应能力

青少年对社会环境的适应能力是指当青少年所处的社会环境发生变化时,调整自身,正确自我认识,改变行为态度,努力与社会环境协调一致的能力。青少年社会适应能力是青少年为了在社会中更好的生存而进行心理、态度、行为上调整,从而努力与社会达到协调一致状态的能力体现。青少年社会适应能力一般包括社会交往能力、劳动能力、职业能力、自理能力、自我规范能力等。青少年的社会适应能力能够反映青少年的综合素质,是青少年融入社会、接纳社会的能力的表现。

1. 社会适应标准化评估量表

马丁（Martin）编制的社会适应标准化评估量表共分为认知行为适应能力和情感适应能力2个维度。该量表简单易用，共9题，计分方式为7级，7的选项为"完全同意"，而1的选项为"完全不同意"，Cronbach's系数为0.96，使用该量表测试后，根据得分情况进行评价，一般来说得分越低表示青少年社会适应能力越差，得分高则说明适应能力强。适应能力具有行为调节作用，可以帮助青少年适应环境中的改变和需求，更好的认识需要适应的新颖性和不确定性，并主动对行为做出适当调整。

2. 社会再适应评定量表

社会再适应评定量表（SRRS）是霍尔姆斯（Holmes）和瑞赫（Rahe）在1967年编制的，该量表经检验有较好的实用价值。量表的编制者认为人的应激是由众多的事件造成的，而主要的事件有43种，这些事件会造成很多变化，人们应该去适应这些事件所带来的变化。

在量表填写完成后，把受试者去年遇到的所有应激事件的数值相加就是去年全年的总应激。疾病的发生与总应激程度密切相关，应激度数值150被认为是人们承受能力的关键点，若应激度数值大于150小于199，下一年患病的概率就达到37%；如果应激度数值大于200小于229，下一年患病的概率就可以达到51%；如果应激度数值大于300，则下一年患病的概率高达79%。由于多种生活事件的累加，人们承受能力无法有效化解，结果就非常明显，遭遇者无法有效调整适应，身体的免疫功能会显著降低，那么就非常容易生病。

第二节 青少年体质健康监控的特征

青少年体质健康监控拥有专业化、常态化、系统化、现代化这四个特征。

一、专业化特征

专业化特征指的是应以专业化的水准准确、科学、全面地监控青少年的体质健康状况。专业化特征表现为以下三个方面：

其一，信息采集的专业化。青少年体质健康监控的基础是信息的采集。信息采集的全面和准确是体质健康监控得以顺利实施的基础。因此，要从人员培训和仪器优化两个方面提升青少年体质健康信息采集的专业程度。人员方面要勤于培训，加强青少年体质健康监控中管理、组织、监测人员的培训工作；仪器方面要合理维护，及时检修旧设备，引入新设备。

其二，工作人员的专业化。要培育、培训出一批具有专业能力的青少年体质健康监控队伍。上面阐述了监控人员专业化的重要性，此外监控得出的信息还需要专业人员的评价和分析，以确保得出科学、正确的监控结果的得出。

其三，学生指导的专业化。学生需要在专业人士的指导下提供所需的体质健康监控数据，不同学生的身体情况不同，因个体差异容易产生较大的监控误差。此外，体质健康评价后，还需要有针对性地给不同学生提出提升体质健康水平的方案，监督学生进行有效锻炼，这些都需要做到专业化。

二、常态化特征

常态化特征指的是，青少年体质健康工作需要落实到日常的工作中，持续有效开展。因为，青少年体质健康监控的过程是周而复始、不断循环的，因此常态化是工作得以稳健、持续开展的基本保障。要实现常态化，就需要用制度、政策支持和保障对青少年体质健康工作的实践开展。例如，青少年体质健康监控需要建立健全监控管理机制、人员培训机制、监控检查机制、监控公告机制、评价反馈机制，确保体质健康监控工作各个环节的紧密结合，以及监控信息传达的高效、公开。青少年体质健康监控工作的常态化在微观上有助于学习机制掌握学生的体质健康信息，并根据情况采取措施，宏观上有助于政府制定相关措施进行体质健康调控，解决发现的问题。我国青少年体质健康监控的方针是"以评促建、以评促改、以评促管、评建结合、重在建设"[①]，体质健康监控的常态化是确保上述方针得以贯彻落实的关键。

三、系统化特征

青少年体质健康监控工作的落实不是一蹴而就的，而是一个长期的、系统的工程，中学阶段是青少年体质健康监控工作开展的基础时期，只有落实好基础，才能确保学生在大学阶段体质健康达到良好的水平。为确保青少年体质健康监控的准确性与连续性，应将青少年小学、中学、高中、大学等阶段的体质信息融合为一体，形成体质健康信息监控系统。体质健康信息监控系统的建设有助于为纵向评价学生的体质健康水平提供依据，也有助于为研究学生体质健康水平的发展提供信息。此外，青少年体质健康监控相关的主体，如学校、政府部门、社会组织等也应形成系统，以便于体质健康监控工作的协同化进行，扩大监控的受益面。我国致力于建立健全全面化的青少年体质健康监控体系，这是体质健康监控系统化的深度体现，此举有助于提升全国青少年的体质健康水平。

四、现代化特征

现代信息技术的发展深刻地影响着社会各行各业，互联网技术已经深刻地影响着社会上各项工作的进行。我国教育部利用互联网技术，开发了用以监控和展示全国青少年的网站"中国学生体质健康网"，并且开发了储存、分析、公示青少年体质健康信息的数据系统"国家学生体质健康标准数据管理系统"。这些信息化平台的开发极大地方便了我国青少年体质健康信息的采集、汇总、统计、分析与发布。

现代信息技术的支持下，我国各地各部门在采集青少年的体质信息

---

① 王磊磊. 大学生体质健康发展与干预策略研究[M]. 延吉：延边大学出版社，2016：20.

时都运用上了现代化手段。例如，构建青少年体质健康监控数据系统，有助于信息的横向比较和深入分析，而大数据分析得出的结果更为客观、准确；又如构建青少年体质健康水平提高的指导服务系统，有针对性地给各类体质的青少年提供针对性的锻炼建议，智能化、精准化地帮助青少年改善体质。在现代技术的支持下，学校在制定青少年体质健康提升策略和规划体育锻炼工作时也有了更便捷的工具。

第三节 青少年体质健康监控机制存在的不足与纾困策略

青少年体质健康监控机制中的各个环节都有其缺陷，相应的也有优化的策略，需要具体情况具体分析，本节详细论述了青少年体质健康监控机制存在的不足及纾困策略。

一、青少年体质健康监控组织体系的不足与纾困策略

(一) 青少年体质健康监控组织体系存在的不足

1. 青少年体质健康监控组织机构尚不健全

青少年是祖国的未来，国家要了解青少年体质健康的现状，就需要成立专门的管理部门进行监控，但纵观当前各大学校，有针对青少年体质健康问题而设立监控机制的尚为少数。学校开展青少年体质健康监控活动一般都是通过学生体质健康测试来进行，通过学生体质健康测试活动中的表现，并将其表现记录成具体的数据进行上报。尽管这一类体质健康测试活动能够有效记录学生体质数据的变化，但是在这一过程中，学校教务部门、校医务室并未在其中发挥较为明显的组织、检查、监督等相关工作，在其中发挥的作用并未得到明显的表现，甚至学校的心理健康中心也未能

在监控青少年体质健康中发挥作用，学校各部门在青少年体质健康监控方面并未展现出很强的组织、检查、监督的作用。也就是说学校在青少年体质健康监控方面还未建立起较为完善的检查与检测机构，无法发挥出监控学生体质健康的作用。

2. 组织职能尚不明确

有一些地方尽管已经建立了较为完善的体质健康监控机构，但机构内的组织职能依旧不够明确，无法对学生进行全面的监控。同时，青少年体质健康监控体系中的监控中心往往职权也不够明确，无法为青少年体质健康监控提供较为明确的指导。

政府层面监控责任体系的缺失，使得监控过程容易受到外界主客观因素的影响，监控过程容易受到波动，而且学校内部监控与政府监控体系之间不是相互联系、相互依存的，而是相互独立、缺乏衔接的。这种情况侧面说明青少年体质健康监控体系还未完全形成，监控组织的职权依然处于一个较为模糊的状态，无法为青少年体质健康监控进行保障。

（二）青少年体质健康监控组织体系建设的纾困策略

1. 健全与完善组织结构

青少年体质健康监控组织体系需要一个健全且完善的组织机构才能发挥自身的作用，为青少年体质健康的发展助力。青少年体质健康监控组织中教育行政部门起着主导作用，但他们的主导作用在实践中却受多方因素的影响与阻拦，使得青少年体质测试工作难以系统化、常态化、专业化、现代化，而且也会造成监控工作的效率低下。因此，各地监控组织机构必须首先巩固教育行政部门的地位，以教育局为主导，建立"市级—区级—学校"的一体化监控组织机构来进行监控工作。在组织机构中的其他组成单位包括区域体质健康监控站、学校主管部门、学校体质健康测试中心，这些组成单位都是监控组织机构中不可或缺的监控小组，它们需要共同发挥作用才能推动青少年体质健康监控工作的完善以及提升整体监控工作的效率。

2. 明确组织职能

建立了一个较为完善的监控组织机构后，还需要明确机构内各组成部分的职能，只有明确了各组成部分的职能，才能有条不紊地展开工作，进一步提升工作的效率。机构中教育行政部门管理人员承担着外部监控的职责，他们要对各个学校的体质健康管理制度进行审查，并且要对学校每次进行统计测试后的数据进行及时的反馈与评价。为了细化职责，更好地展开体质健康监控工作，教育行政部门还需要设立一个专门的学生体质管理部门。他们的主要任务式对青少年体质健康监控工作进行规划、指导和安排。组织内的各个组成部分都是组织中不可或缺的一分子，每个组成部分都需要互相辅助，从而推动监控工作的顺利开展。

二、青少年体质健康监控制度存在的困境与纾困策略

（一）青少年体质健康监控制度的现实困境

1. 青少年体质监测制度尚不健全

青少年体质健康监控制度在青少年健康监控工作的实践中有着不可替代的作用，它为青少年体质健康监控工作的实施提供了依据和保障。一般来说，青少年体质健康监控制度的功能应该涵盖如下方面：规范功能、控制功能、引导功能。这些功能的作用主体主要是监控组织与监控人员。在规范、健全的制度内进行监控工作，能够更加充分地发挥出监控主体的作用，并实现监控主体的职能，从而进一步地提升监控工作的规范性与有效性。因此，建立一个有效监控组织体系，关键是要建设一个青少年体质健康监控制度。当前对青少年进行体质健康监控主要是依据教育部发布的《国家学生体质健康标准》进行的，各大、中、小学每年进行一次学生体质测试，并将所测得的数据整理上报。实际上，学校应该结合《国家学生体质健康标准》制订出符合学校自身特点的、更为完善的学生体质健康监控制度。但除了《国家学生体质健康标准》，学校在进行体质测试的过程

中，并没有其他的制度可参考，如测试管理制度、结果公告制度等，就算有些学校完善了这些相关的制度，但在实际工作中能够切实履行的也少之又少，最终都会影响学校体质测试的效果。

2. 可操作的常规检查、复查相关制度尚不完善

虽然教育部发布了《国家学生体质健康标准》，但由于各种原因，该标准并没有得到全面落实。例如，按照该标准要求，学生体质健康测试不及格不能参加评优评奖，体质测试不合格不能毕业。纵观全国所有学校，这一条真正能够贯彻实施的少之又少。以大学为例，如果某高校学生体质健康测试的合格率为90%，那么该学校应该有10%的学生不能按时毕业；但在实际操作中，只要不是学分不够，所有的学生都能按时毕业。这说明大学并没有真正认识到贯彻落实《国家学生体质健康标准》的意义。当高校在《国家学生体质健康标准》执行中"放水"的时候，可能高校的管理者并没有意识到，会误导在校学生，学生会认为体质测试并不重要，那么体育锻炼也就可有可无，这样就会造成该标准形同虚设。

（二）青少年体质健康监控制度的纾困策略

1. 完善青少年体质健康监控的外部监控制度

为了更好地推进体质健康教育发展，促进学校更好地履行提升学生身体素质的智能，各级教育部门、体育部门要以国家发布的《国家学生体质健康标准》的有关规定为依据制定相应的检查与监督制度，保证各单位能够保质保量的贯彻实施有关政策，从法制层面上、制度层面上完善监控机制，让青少年体质健康测试工作的监督有据可依，使青少年体质健康监控工作更加规范、有力、可行。在实际工作中，需要制定和完善的外部监控制度至少要包括以下两个方面：

（1）建立健全青少年体质健康监控定期监督检查制度

学校定期举行体质测试工作后，需要将数据如实上报，教育行政部门也需要将学校每年上报的数据以及学生体质健康监控工作的开展情况纳入定期检查范围，甚至作为对该校教学水平评估的标准之一，并要将学校

体质测试的组织建设情况、场地设施情况、测试仪器设备、《国家学生体质健康标准》中各项制度的落实情况、测试过程的严谨性、数据的真实性等进行严格审查。学生体质测试工作结束后，上级部门的审核性评价、学校内部的自我评价甚至第三方评价都有非常重要的意义。首先，通过自我评价以及上级部门的审核性评价能够从此次体质测试工作中获取一些有益的经验，明白自己的不足之处，看到自己的优点，针对不科学的地方加以改进，对较为成功的地方进行保留。上级部门在对学校进行评价时，需要综合考虑对学校体测工作的开展进行评分。之后，在对学校进行年终审核时，需要将之前的评分作为年度审核标准。这种定期监督检查制度能够让学校领导、教师以及青少年自己提升对体测的重视，从而切实关注到学生体质健康水平的提升，并且端正相关部门及人员的态度。

（2）专业人员持证上岗制度

青少年体质测试需要有专业的人员进行把关，专业的人员能够在学生进行体测的过程中给出专业的指导，帮助学生更有效地获得有益的经验。因此，教育行政部门需要重点培养一些专业人员，对教师进行专业培训规划，并且在监控的过程中，每年还要对教师进行定期的培训和专业考核，为考核合格者颁发证书。通过制定专业人员持证上岗制度，能够进一步提升体质健康测试工作的专业性和科学性，并完善青少年体质健康的体制建设。

2. 完善青少年体质健康监控的内部监控制度

不仅是教育行政部门外部的监控重要，学校内部的监控同样十分重要。学校内部的监控与外部的监控是相互辅助的。学校内部监控的主要对象是教务处、体育部、校医务处、学生处、心理健康中心等。这些部门在学生体质健康测试过程中都需要发挥自身的作用，并在体质测试过程中履行应尽的职责。学校在对相关部门加以管控之后需要对青少年体质健康评价体系加以完善，主要目的是为了加强学校对青少年的体质健康干预与管理。完善学校内部的监控制度需要制定相关规则，需要按照教育行政部门对学校的评估进行制定，需要有目标、有计划地进行改善，而不是盲目地进行改良。学校内部的监控通常会建立一个专门的工作小组进行监控，这一工作小组一般都是由学校中权力比较大的干部如分管校长或是副校长为领头人展开工作。在实践中，体质测试场地设备是否符合标准、学校内部相关部门是否有履行自己应尽的职责、体质健康监控的制度建设流程、学生参与体质测试后的反馈情况等所有一切与体质健康监控相关的工作都囊括在体质健康监控工作小组的工作职责中。为了加强校内对体质健康测试的重视程度以及工作开展的透明度，工作小组还要将对体质健康测试工作展开的审查结果进行公示，保证学生体质健康测试工作的公平、公正、公开，这样才能让老师认可、学生信服。

三、当前青少年体质健康监控内部动力的缺失与改进方案

（一）当前青少年体质健康监控内部动力的缺失

1. 基层单位对青少年体质健康监控缺乏认识、重视不足

尽管当前国家各部门以及社会各界都十分重视青少年的体质健康，为青少年体质健康的加强颁布了许多切实可行的政策，让学校在组织青少年体质健康工作时能够有标准可依，并让学校体育部、医疗室、心理健康中心都共同参与学生的体质健康测试。但就目前情况来看，学校各有关部门对体质健康的重视程度还是不够，大家大多只把它当成普通的体育课，没有再对其进行较为深入的了解与认识，这对于建立青少年体质健康制度会造成很大的阻碍。大家从心底里不认同，那么在实际工作中，也就很难说能够积极主动配合或参与工作了。

2. 青少年体质健康监控缺乏内在动力

所有工作的开展、实施都需要有一定的动力。当前学生体质健康监控工作的开展主要由教育部牵头，整合调动教育部门各方力量，来实施学生体质健康监控工作。但学生的体质健康监控不是教育部门或学校就能够很好完成的，还需要体育部门、医疗部门的支持和配合。但体育部门和医

疗部门并非学生体质健康监控的直接管理部门，缺乏内在动力。当前很多学校体质健康监控工作的开展仅仅是为了完成任务，而忽视了工作本身的意义与真实性。基层学校对体质测试工作不够重视，致使体育教师缺乏动力，甚至无法完成测试工作，最终上报数据出现失真现象。正因为校内领导对青少年体质健康监控工作认识的不到位才会导致学校一直没有形成一个完善的青少年体质健康监控体系，不论是一开始的工作的开展，还是对结果的记录以及对结果最后的分析都完全处于一个失控的状态，而且大多数学校都没有建立一个合理有效的监督机制，更不用说评价奖惩体系的建立，这些机制的空白让学校的相关部门大多都是敷衍了事。校内外的体质健康监控缺乏内在动力，之后的相关工作自然也无法展开，青少年体质健康水平的提升自然也就无法开展。

这一问题是当前我国各大学校存在的普遍问题，大多数学校在开展体质健康监控工作时都没有形成一个完整的体系，学校领导不重视体质健康监控的开展，只是为了完成任务而进行工作。同时，上级主管部门也很少对学校的工作进行具体的指导和干预，层层环节的缺失使得工作开展的效果不佳。

（二）提升青少年体质健康监控工作内部动力机制的策略

1. 提高体质健康监控工作人员的职业能力与素养

不论是成立专门的监控部门还是在学校成立专门的监控小组，本质上这些监控体系都是由人操控的。因此，监控人员的素养在监控中至关重要。监控人员的素养越高，学生体质健康监控工作的进展也将越顺利。学生体质健康监控工作人员的素养既包括对学生体质监控工作的认知能力、学生体质监控的业务能力，还包括从事学生体质健康监控的道德素养，这是体质监控工作人员实施学生体质健康检测工作的前提，这些因素对他们工作时的行为产生影响，最终体现在监控工作是否能发挥出本身的功能。在监控人员的素养培训中，监控人员的道德素养培养尤其重要，监控人员的道德素养越高，投身工作的积极性也就越高、工作的认真程度也就越高、对监控工作的重视程度也会越高,因此,展开对监控人员的道德素养培训是学生体质健康监控工作的重要内容。

2. 建立青少年体质健康监控责任约束机制和外部激励机制

(1) 青少年体质健康监控的责任约束机制

为了促进监控内部机制更加有力的发展,需要建立一个科学的责任约束机制。由于监控组织一般都需要较为庞大的人员组成,每个部门、每个人员都需要有清晰的权利划分、对自己职责的清晰认识,这样在实践中才能有条不紊地开展工作。青少年体质健康监控牵涉多个环节、多个部门,从一开始的场地布置、器材采购到之后的数据记录和评价等都需要有专门的工作人员来实施,若是哪一个环节出了问题,影响了整个体质测试工作的顺利开展,那么相关工作人员就需要在事故中承担责任。每一个环节中的工作人员都需要明确自己在工作中的责任,并做好为错误承担责任的心理准备,对没有履行职责的工作人员进行追责,这是建立监控人员责任约束机制的内涵。建立责任约束机制是对监控人员的监督,也是对监控人员的激励,各部门在分配工作时使用责任约束机制,能够将工作更加合理地安排给下属员工,对人力资源进行更加合理地调动,提高工作的效率。但是需要注意的是,责任约束机制确立后并不是一劳永逸的,它需要根据实际工作情况不断进行调整与完善。

(2) 青少年体质健康监控的外部激励机制

对监控人员不能光有约束而没有激励,因此,在建立了责任约束机制后,还需要建立一个完善的外部激励机制才能达到增强监控内部动力机制的效果。外部激励机制的确立需要包含物质激励与精神激励两方面的内容:精神激励主要是上级部门对学校体质健康测试工作的肯定、支持与鼓励,上级部门对学校的关怀越多,学校内部人员就越能激起工作的积极性、提升自己的工作质量;物质激励主要就是根据工作人员的工作奉献程度以及最后取得的成果来进行一些物质上的奖励,如发放奖金、生活用品等。精神激励与物质激励的结合能够有效提升员工工作的积极性。建立一个合理的责任约束机制和激励机制,是有效提升监控内部动力机制的措施。通过责任约束机制和激励机制的建立,能够有效改善监控机制内部敷衍了事、工作互相推诿、分工不明确的工作现状,从而建立一个高效的青少年体质健康监控体系,提升学生体质监测工作的效果和质量,为学生体质健康促进工作提供重要的参考和依据。

四、青少年体质健康监控的管理困境与纾困策略

(一)青少年体质健康监控的管理困境

1. 青少年体质健康监控的工具尚未统一

工欲善其事,必先利其器。学生体质测试工作要想做好,首先要有一定的场地、设施、仪器,这是落实《国家学生体质健康标准》,实施学生体质健康测试的前提条件。在学生体质健康测试实践中,有部分学校由于领导不够重视、经费不足等原因,体质测试所需的条件往往很难充分满足,这给体质测试工作带来了很大的阻碍。此外,体质测试的相关仪器设备的标准精度尚不统一,甚至存在较大的误差,这就使体质测试数据的准确性大打折扣,无法进行横向比较;一批仪器损坏或更新后,新的仪器与原来的仪器完全不同,这使得纵向比较也失去了意义。此外,据调查显示,学校体质测试工作人员对仪器设备的满意度较低,一是仪器设备故障率较高,稳定性、准确性、耐用性较差;二是售后技术服务不到位,甚至出现一次故障就需报废的情况。因此,教育主管部门应该想办法制订体质健康测试仪器设备采购标准,统一测试工具。

2. 学生体质健康监控数据的真实性有待提高

现阶段,各大、中、小学的学生体质健康测试均是自己组织人员对学生进行测试。体质测试的工作人员主要是体育教师兼任,自测自报。体育教师的本职工作是教学,很难有充裕的时间进行体质测试,但学生体质测试的数据需在规定的时间内完成上报,这就出现了部分学校测试尚未完成,但是数据已上报至国家学生体质健康标准数据管理系统的情况。从数

据来看,近年来各学校学生体质测试数据的上报率不断提升,学生体质测试的合格率也明显提升,但数据的真实性难以验证。

3. 学生体质健康促进工作没有落实

青少年体质健康监控是为了弄清青少年的体质健康状况,体质测试不是目的,也不是终点。学生体质测试只是前期工作,测试完成以后,可以为教育部门、学校制定体育健康促进政策提供依据。根据测试结果制订相应的运动处方或体育锻炼方案,对青少年的生活方式进行干预,有针对性地提高学生的体质健康水平,才是体质测试工作的意义所在。但从目前来看,大部分学校的学生体质健康测试工作仅仅停留在测试环节,测试数据仅用于上报,并没有其他用途。大部分学校并没有根据学生体质健康测试的结果,制订相应的运动健康促进制度和方案,也没有相应的工作机制。换句话说,大部分学校忽视了对青少年体育锻炼的科学指导,没有相应的干预手段,使学生体质健康监控工作变得没有意义。

(二)青少年体质健康监控管理工作的纾困策略

1. 加强青少年体质测试工作的常规管理

青少年体质健康监控的目的是为了掌握青少年体质健康状况,为后续的青少年体质健康促进工作提供依据。但在实际工作中,青少年体质健康监控的管理工作还存在诸多不足。因此,加强青少年体质健康监控的常规管理势在必行。从学生体质健康测试来说,各级教育主管部门要做好如下方面的常规管理工作:第一,在每学期开学初,召集所有学校主要领导或学生体质测试工作负责人,针对学生体质测试工作进行广泛动员,让各学校认清体质测试工作对青少年健康促进的重要意义,激发各学校的内生动力;第二,组建专门的体质测试专家团队,每年定期到各学校对体质测试工作的过程进行指导、监督,防止出现组织混乱、测试放水、虚假测试等现象;第三,体质测试结束之后,对学生体质测试的数据整理及上报工作进行指导和监督,防止数据失真或虚假上报。

2. 统一青少年体质健康测试工具及标准

在青少年体质健康监控工作中，教育部、卫健委、体育总局应该建立协同机制，确定各自的工作范围，避免重复测试，建立统一的测试工具及测试标准，这样各部门分工明确、相互协作，不但有利于减轻各部门的工作量，还有利于数据整合和统计工作。首先，教育部、卫健委、体育总局可以定期召开青少年体质健康监控协调工作会议，明确青少年体质健康测试的指标及标准；其次，三部委联合制订青少年体质测试的仪器设备统一标准；第三，三部委根据需要联合制订青少年体质健康监控相关仪器设备采购计划，并和财政部协同进行政府集中采购。通过国家的集中采购可以大幅度降低设备支出成本，减轻各学校负担，并有效减少各级部门、学校仪器设备采购方面的工作量，确保仪器设备的质量和售后服务质量，也有利于各部门之间的数据交换和统计。

3. 对学校的运动健康促进工作进行监督和指导

青少年体质健康监控只是初期工作。在体质测试之后，除了要将数据整理上报国家学生体质健康标准数据管理系统之外，各学校还应该根据各个学生体质测试结果制订个体化的运动处方或相应的健康促进方案，针对青少年学生体质健康存在的问题进行针对性的干预。为了避免部分学校把学生体质健康促进工作仅仅停留在测试阶段，教育部门、体育部门、卫生部门应相互协作，联合组建各级青少年运动健康促进专家组，为各学校青少年学生的运动健康促进工作进行指导和监督。首先，要提升各学校对青少年健康促进的认知，明确青少年体质健康促进不能仅仅停留在测试阶段，更重要的是以测试结果为依据采用各种方式提升学生的体质水平。其次，针对目前大部分学校缺乏专业的运动健康促进专门人才的现状，加大人才培养的力度，定期对各学校现有工作人员进行培训，努力提升各学校教师尤其是体育教师运动健康促进方面的业务能力。最后，教育部门、体育部门、卫生部门要建立联合检查组，对各学校的运动健康促进工作进行监督检查，建立评分制，将运动健康促进工作纳入对学校办学水平、办学能力的综合评价体系中。

第三章 青少年体质健康管理的相关问题研究

青少年体质健康管理是指对青少年个体或整个青少年人群所处的内外环境、行为和生活方式进行全面管控,以达到维护个体和群体健康的目的。青少年体质健康管理是青少年体质健康促进工作的重要内容,通过研究青少年体质健康管理的方法、内容,构建科学的体质健康管理模式和方案,能够更有效地促进青少年群体体质的提升和健康状况的改善。在新时期,青少年的体质健康管理系统也有了更加灵活的构建方式,科技的运用使得相关系统的构建更加具有针对性。本章将对青少年体质健康管理体系的构成进行详细论述。

第一节 青少年体质健康管理的内容与方法

青少年体质健康管理对于青少年的健康成长有着十分重要的影响。通过青少年体质健康管理规划能够让青少年拥有一个强健的体魄,本节主要探究青少年体质健康管理的内容与方法。

健康管理的形式十分多样,基于健康管理对象的差异,它具体包括个体健康管理、团队健康管理与群体健康管理。个体健康管理指的是针对个体实行的健康管理,它不仅需要个体充分把握自身身体健康的情况,并自主地寻求保健服务与医疗服务;还需要从事健康行业的工作人员与单位主动地了解个体的健康水平，给予适当的关心。团队或者群体健康管理是针对较为规范、具有一定体系的团队或者群体实行的健康管理。团队需要基于自己的特征与需要构建合理的健康管理系统，及时、全面地把握团队成员的身体健康情况，同健康管理机构明确团队发展的健康策略，让机构提供较为多样、细致的团队健康管理资源。团队健康管理又可以进一步细分为健康人群健康管理、亚健康人群健康管理与疾病人群健康管理。

按照健康管理的层次不同，可以把青少年体质健康管理分为宏观管理和微观管理。宏观管理实际上是指政府部门、社会健康管理机构为青少年提供的体质健康管理服务，最常见的就是青少年健康体检。微观管理主要指的是青少年的自我健康管理。青少年或青少年相关团体作为被管理者，采用各种方法对相关健康危险因素进行管控，进而提升体质水平和健康状态，是一种自我管理模式。在青少年体质健康微观管理层面，需要有专业人员的指导，也需要相关健康管理机构的参与、配合和协助，这是一种积极的、自主的管理模式，比宏观管理更具价值。①

一、青少年体质健康管理的内容

大部分的青少年都并未形成较为鲜明的体质健康管理观念，部分青少年由于承担着较为繁重的学业困扰和就业压力，还形成了抽烟、熬夜、喝酒等不利于身体健康的习惯。若是没有及时、科学地指引青少年的思想与行为，会在很大程度上影响青少年未来的健康发展。学校应当合理地依据青少年身心发展的需要与特点对其实行科学的体质健康管理。总而言之，青少年体质健康管理应该包括以下几个方面的内容。

（一）青少年健康信息的收集

要充分、全面、客观地收集青少年学生和社会青少年的基本健康信息。这些基本健康信息应该包括躯体健康信息、心理健康信息和社会适应健康信息等相关信息。采集这些信息之后，以此为基础构建青少年体质健

---

① 王磊磊. 大学生体质健康发展与干预策略研究[M]. 延吉：延边大学出版社，2016：29.

康信息化档案。青少年体质健康信息化档案的内容包括青少年的年龄、性别、民族、身高、体重等，可用于评价青少年躯体健康的体检材料，衡量学生的体质测试成绩，评价心理健康水平的心理测试成绩等。青少年体质健康档案的信息化处理使之便于查询、统计和分析，让相关部门能够随时掌握学生的体质健康状况，更好地制定相关策略和措施，促进学生体质健康的改善。在收集学生体质健康相关数据时，可以先建立青少年体质健康档案，要求每位青少年自行注册，个人的基本资料可由青少年自己录入信息化系统，体质测试成绩则可以从国家学生体质健康标准数据管理系统导入，学生心理健康数据可以由学校心理健康老师录入，躯体健康信息由校医院负责录入。

（二）强化青少年健康教育与青少年的体质健康管理

学校在注重健康的教育思想的引导下，对广大青少年开展更加全面的健康教育，实行更为科学的健康管理，如举行健康知识座谈会、发布健康生活手册、推出科学膳食图谱、建立心理咨询室等，通过贯彻实际的工作，使青少年形成更加强烈的健康管理意识与更加卓越的健康管理能力。

（三）开展青少年体质健康测试

《国家学生体质健康标准》构建了十分系统、全面的学生体质健康测试和评估系统，测评的内容包括学生的身体形态、机能和素质。各类学校都应当做出积极的响应，贯彻落实政策，对学生体质健康的情况予以合理的检验，并准确、无误地报告测试结果。在完成体测以后，应当清晰、具体地填写体测的结果与相关信息，建立完善的学生体质健康档案，这样也为之后体质健康干预的实行奠定了良好的基础。

（四）预测与评估危害青少年体质健康的因素

体育教师或健康管理专家应当对学生体质健康的具体情况做出充分、详尽的判断与评价，准确地把握不利于学生体质健康发展的元素，同时也应当适当地预测会危及学生健康的因素，并以此为依据进行科学的预防，使之后干预管理的开展变得更为便捷。充满规律性地开展运动锻炼可以有效地提高学生的健康水平。体育教师应当基于学生的健康水平、特点与喜好设计出合理有效的运动方式。

(五)积极实施青少年体质健康干预

体育教师或体育健康管理专家应当为学生传授体质健康知识,让学生对体质健康相关知识有很好的认知和更全面的把握。教育部门、学校或社会健康管理机构应该聘请专业健康管理人员开设体质健康相关课程,或定期开展专题讨论、专家讲座,将运动生理学、健康教育学、体育保健学、体育健身原理、运动处方、运动损伤防治等相关理论知识传授给学生,使学生对这些知识有宏观的认知。运动健康指导专家或经过培训的体育教师要指导学生学习制定简单的运动处方的方法。对体质健康状况较差的学生,可由学校聘请运动健康指导师制定针对性的个体化的运动处方。在完成运动处方的制定以后,要鼓励学生按照运动处方的各项内容进行有计划、有目的的锻炼。在运动处方实施的过程中,学校还要观察青少年对运动处方的适应情况和耐受性,注意锻炼中是否有不利于学生健康的因素,并要注意及时消除安全隐患。在锻炼持续 6~8 周以后,学校则需要对青少年学生的锻炼效果进行评价。若青少年体育锻炼已经取得了较好的效果,原有的运动处方不再能满足需要,则应该对运动处方中的运动强度、持续时间和运动频率等进行适当的调整;若运动处方没有达到预期效果,则要认真审查其各项内容,发现问题,并重新制定运动处方,以有效促进学生的锻炼效果和体质健康水平的提高。①

二、青少年体质健康管理的方法

(一)青少年体质健康水平评估

对青少年体质健康进行监控,是为了准确评估青少年的体质健康水

---

① 宋浩. 新时期大学生体质健康科学管理研究 [M]. 北京:中国书籍出版社,2019:46.

平,从而为后续的运动干预提供依据。评估主要从青少年的身体形态、身体机能、身体素质等方面进行,而青少年身体形态、身体机能和身体素质涉及的指标众多,每个指标都有相应的评价标准。青少年体质健康水平的评价主要以教育部发布的《国家学生体质健康标准》为参考。

(二)利用计算机和信息技术开发体质健康管理软件

青少年体质健康管理工作较为复杂,需要大量工作人员参与,而且工作人员需要有一定的专业技术才能胜任相关工作。例如,工作人员需要对庞大的测试数据做出科学、有效的处理,承受着沉重的工作压力。为了推行规范有序的健康管理,以更快的速度与更佳的效果完成信息的收集和数据的统计,减轻相关单位与工作人员的工作量和工作压力,需要教育部门、体育部门、卫生部门与相关大、中、小学校对青少年体质健康管理软件的开发予以高度的关注。在开发这类软件时,应根据体质健康管理的现实需要充分开发如下功能。

1. 青少年体质健康相关数据的高效管理功能

青少年体质健康数据需要进行高效的管理,其包括两层含义:第一,青少年体质健康数据要能够实现有效管理;第二,青少年体质健康数据管理的效率应该较高。对青少年体质健康数据的高效管理,主要包括青少年的基本信息、体检材料、体质测试成绩等,这就涉及青少年体质健康相关数据的录入(手工、机器录入或导入)功能、修改功能、删除功能、转换功能、排序功能、汇总功能等。

2. 青少年体质健康数据的统计、分析、绘图功能

对青少年体质健康数据进行统计分析的目的是能够清晰明了地反映青少年体质健康状况,因此学生的身体形态数据、体检数据、身体机能数据、身体素质数据都需要进行统计分析。统计项目应十分完备、图文兼备,可以较为全面直观地体现学生的体质健康情况。相关部门可以科学地借助健康管理软件的统计分析功能,准确地评估青少年体质健康水平,并比较处于不同年龄阶段的学生的体质状况。管理部门可以借助统计分析功能,

在总的层面上认知和掌握青少年体质健康水平,从而为政策的确立和推行奠定良好的基础。

3. 评分功能

将学生的测试成绩输入软件里之后,软件便会自动地做出评估,而且可以充分全面地探究和评析学生的体质健康水平,使学生的运动锻炼有据可依。

4. 安全保护功能

为了使青少年体质健康管理软件中录入数据的安全性有充分保障,在青少年体质健康管理软件的研制中,安全保护性能是软件开发者必须周密考虑的重要功能。在系统开发过程中,应明确规定不同层次使用者所能够实现的不同权限,青少年体质健康管理系统的管理者应该能够为其他使用者赋予不同的权限,并以此为依据提供给使用者不同的操作功能。此外,对于录入的数据,系统应该能够在客户端、管理端、云平台三端同步进行按需备份和定期自动备份,以确保数据不会丢失。

5. 数据维护功能

青少年体质健康管理软件中学生的基本资料、身体形态资料、体检材料、身体机能信息、体质测试信息等都是非常宝贵的,所以软件要能够为使用者提供便捷的维护功能来保存或维护这些数据资料,方便管理者和使用者随时、随地进行修改、更新、分类、整理、汇总、统计、分析、绘图与查询。

(三)选择科学的青少年体质健康促进方案

在对青少年的体质健康信息予以充分评估的基础上,对青少年实行体质健康等级划分,主要涵盖至少三个不同的等级,即完全健康状态、亚健康状态和疾病状态。青少年可以通过学号登录青少年体质健康管理软件,查询自身体质健康测试的结果,了解自身所处的健康等级。学校在对学生实行体质健康干预的时候,应当对干预对象的健康水平予以充分全面的考量，针对不同健康等级的学生，应当制定个体化的健康促进方案或运动处方。

对于体质相对较好，或处于完全健康状态的学生，应当采取积极的预防措施，让其身体长时间维持在健康的水平；对于体质处于亚健康状态的学生，应当做出准确有效的干预工作，如为学生提供科学的体育健康教育、具有针对性的心理咨询，从而使其逐渐摆脱亚健康的状态；一些学生身患疾病却不自知，学校应当私下告知学生其身体状况，让其及时到医院就医。

第二节 青少年体质健康管理的模式与程序

一、青少年体质健康管理的具体模式

青少年体质健康管理模式至少应该包括四个方面，即计划、组织、监控和评价，下面逐一进行分析。

（一）青少年体质健康管理的计划

1. 制定并实施科学、高效的管理制度

青少年体质健康促进工作的落实需要有良好的保障，因此必须制定合理的法律制度。《中华人民共和国体育法》便是十分关键的与体育工作相关的法律，它的颁布意味着中国体育工作的开展拥有了法律依据。近年来，党中央、国务院对青少年体质健康高度重视，陆续出台了系列文件，从不同角度为学校体育工作的开展提供了方向与指引。但由于学校的升学压力和成果产出导向，大部分基层学校对体育教育和学生体质健康重视不足，对各类相关文件置之不理或简单应付，加之有关部门对此监管不力，导致部分学校青少年体质健康测试的实际数据与上报的测试数据相距甚

远,很多学校都是注重表面工作而不注重实际效果。要想有机融合体育教育与健康教育,就要将国家相关政策和法律规定真正落到实处。一方面,教育主管部门要狠抓落实;另一方面,学校也要形成正确的对待体育教育的态度,科学地衡量体育教育的重要程度,尽量实现体育教育和健康教育的有效结合。在制定健康制度时应当关注下列两点:首先,在学校的人才培养体系里融入体质健康这一要点,适应社会发展的趋势,以培养更加优秀、多元的人才;其次,积极引导广大青少年基于自己的喜好选取适合自身发展的体育锻炼项目,使青少年的体育锻炼获得自由广大的空间与轻松愉悦的气氛,同时也让青少年借助充分的锻炼拥有健康的体质。

2. 构建课内外一体化的教学模式

人的全面发展离不开强健的体魄。体育教育对青少年能否获得稳定、协调、健康的发展具有深远的影响。然而由于资金、场所、时间等条件的约束,仅通过体育课促进青少年健康并不现实。所以,应当充分借助课外体育的功能,把课题教学和课外活动予以充分的结合,建立课堂内外互动的教学模式,让广大青少年的体育锻炼更为合理地推进。

3. 制定并实施个体化健康促进方案

世界上没有完全相同的两片树叶,也没有完全相同的学生体质,所以在实行体质健康管理时,不仅要让大部分学生的需求得到满足,也应当满足学生个性化的需要。学校的体育教学内容非常多样,应该基于学生体质水平的差异,教授学生不同的教学内容,这样才能够让学生获得更加良好的发展。

(二)青少年体质健康管理的组织

1. 确定学校的主导功能

创建优良、有助于学生健康发展的支持环境在青少年体质健康管理中显得非常重要。学校、家庭与社会是支持环境的三个维度,其中,学校环境的重要性最为突出。学校主要通过以下几个举措发挥自身的主导功能:

首先，学校在最大程度上向学生普及与体质健康相关的知识，指引学生在不知不觉间形成准确合理的健康思想与观念，并养成良好的健康生活习惯。其次，学校借助已有的体育资源，充分挖掘具有潜能性的优质资源，从而让学生拥有开展课外活动的更加优越的条件；对于学生举办体育社或体育俱乐部的行为，学校也应当给予适当的帮助与充分的认可。此外，学校体育教师应当建立起终身学习的教学理念，以参与教学培训的方式提升自身的素养与能力；应该充分发挥自身的创造力与智慧，研发全新的项目，学校也应当奖励取得优异成绩的教师。①

除此之外，学校在开展体育教育时，应投入更多的精力和心血进行健康管理，让学生习得更加丰富、系统的健康知识，形成科学的健康思想，并养成健康的生活方式。学校也应当创建出更为优良的环境，真正落实"终身体育"的思想。

2. 发挥家庭和社会的作用

青少年的体质健康不仅与学校具有一定的关联，和家庭、社会也紧密相关。正因如此，应当充分重视家庭和社会的作用，让家庭、社会共同协助青少年推进体质健康的管理。

（三）青少年体质健康管理的监控

1. 进一步完善青少年体质健康监控制度

青少年体质健康管理系统是十分庞杂、繁复的体系，应当对其实行充分合理的监控，这种监控可以在很大程度上保障青少年体质健康管理的有序推进。青少年体质健康监控制度的完善应该由下列不同的层面着手：

第一，建立学校体育和课程教学过程的监控制度。对学校体育的各个组成尤其是体育与健康课程进行过程监控，明确学校体育尤其是体育与健康课程的体质健康促进目标，对其进行全过程监控，考察落实情况。

第二，形成更为科学合理的体育课程考核指标体系。对青少年学生体育与健康课程的成绩评价不应该仅仅停留在运动技能层面，而应该更加注

---

① 宋浩. 新时期大学生体质健康科学管理研究[M]. 北京：中国书籍出版社，2019：53.

重学生体质和健康水平的提升，学生体质测试成绩应该是学生成绩的重要组成部分。通过全方位的考核让学生了解自身体质健康方面存在的问题，使其在体育教师的指导下，完成体质健康促进方案，对增强体育与健康课程的教学效果、提升学生体质健康水平具有重要作用。

第三，青少年体质健康数据的合理使用。青少年体质健康测试是一种常规制度，能有规律地监督、检查学生的体质健康水平。不过，体质测试不是终点，而仅仅是起点，各学校应该以学生体质监测的结果为依据开展科学、合理的干预策略。

第四，建立常态化的联合巡查制度。教育部门、体育部门和卫生部门应联合组建专家巡查组，对各单位政策落实情况进行常态化巡查，监督各学校严格落实《国家学生体质健康标准（2014年修订）》中关于学生体质健康监控、评价、奖惩的各项要求。

2. 建立多维监控模式

建立多维监控模式在青少年体质健康监控中十分重要，同时也能保证青少年体质健康得到系统、全面的管理。多维监控涉及家庭、学校、社会等主体，这些主体相互配合、作用，在多维监控模式中，学校监控的重要性最为突出。

3. 培养青少年的自我监控意识

积极投入体育运动、自觉接受健康教育，是广大青少年对自身体质进行监控的首要步骤，同时也是青少年形成更加健康的体魄的良好方式。

首先，通过合理的举措让青少年形成强烈的自我监控意识，充分认识到自身健康的重要性。学校应当积极地宣扬和传播与体质健康相关知识和信息，营造出良好的体育文化气氛。

其次，支持青少年积极掌握健康养生之类的知识和技能，推动青少年形成更为科学的认知与更加优良的保健技能，指引青少年改变错误的生活方式，养成良好的习惯。

4. 对青少年体质健康促进工作进行规范

各单位需要对青少年体质健康测试的工作制度、工作流程、测试标准等进行规范，这是保证数据准确的基础。在完成体质测试之后，各单位还应该以体质测试的结果为依据，制定出科学有效的健康干预方案，从而取得更加优良的健康管理成效。

（四）青少年体质健康管理的评价

1. 加强信息化建设

随着信息技术的不断发展，整个社会都表现出高速、便捷的特征，青少年体质健康管理也流露出这样的特点。体质健康管理需要丰富的数据、信息的帮助。如今，我国青少年体质健康管理大都面临着资金匮乏、专业人士不足、网络系统不完善的严峻问题，与信息化的标准仍具有较大的距离，这在很大程度上影响着青少年体质健康管理的效果。在青少年体质健康管理中，强化信息化的建设是十分必要的，能够保证青少年体质管理取得更加理想的效果。加强信息化建设可以由下列两个层面展开：

首先，开辟更加广阔的渠道，使不同学校间、学校和社会间的信息传递变得更为迅速、便捷，并开展动态性的监测，完成资源的共同分享。

其次，凭借先进的计算机技术实行随时随地的监控，给出有效的反馈，建立起科学完善的监控系统。

2. 建立更为合理的体质健康评价指标体系

青少年体质健康评价指标应十分合理且易于操作，这也是构建体质健康评价指标需要达到的要求。学校作为体质监控主体，要在严格落实《国家学生体质健康标准（2014年修订）》的基础上，依据青少年体质健康水平与身体发展规律，选择更加有效的体质评价指标，并基于政策予以相应的完善，组建系统、科学的评价指标体系。青少年体质健康评价指标的构建和完善应当从下列几个层面着手：

第一，依据青少年身心特点和适应力，选择较为典型的指标。

第二，依据学校的体育资源，选择易于操作的评价指标。

第三，组建测评机构，依据专家的意见选择具有针对性与实用性的评价指标。

3. 完善促进体质健康的反馈机制

科学地完善促进体质健康的反馈机制，能够帮助广大青少年在短期内习得青少年体质健康相关信息。对反馈机制予以完善时应当关注以下两个问题：

首先，应该在一定程度上有助于青少年体质健康的监管与评估，有利于体质监测难题的解决，确保体质监测和评价工作的有序推进。

其次，确保不同监控主体都能够凭借不同的方式把握青少年体质健康的情况，而且可以具有针对性地加以干预，从而有效提升青少年体质健康管理的质量。

二、青少年体质健康管理的程序

对青少年进行体质健康管理应该建立科学、合理的程序。实施青少年体质健康管理应该按如下程序进行。

（一）青少年基本信息收集

对青少年进行体质健康管理需要收集青少年的基本信息，包括学号、姓名、性别、身份证号码、年级、专业、班级、住址等。

（二）青少年常规体检

青少年的健康状态是制定运动处方、实施健康促进方案的重要依据。按照"尽快发现、尽早干预"的思想，明确体检的项目，体检结束后，要将体检的结果进行记录，并存入青少年学生的健康档案或电子档案中。

（三）青少年健康与体适能评估

对青少年进行健康与体适能状况的评估，可以采用询问、问卷调查等方式进行。询问与调查的内容包括家族史、疾病史、生活方式、目前伤病情况和治疗情况、近期身体健康检查结果、运动史和近期锻炼情况等信息。运动前的健康筛查常采用《体力活动准备问卷》和《运动前筛查问卷》的问卷调查法。根据体检材料与调查所获得的信息、数据，对青少年健康与体适能状况进行评估，并确定他们的运动健康风险等级。

（四）青少年体质健康咨询

为青少年提供体质健康咨询是青少年体质健康促进工作的重要内容之一，主要包括对青少年个人健康数据进行分析、解释、说明，为青少年制定运动处方、健康管理计划等几项内容。

（五）青少年运动健康促进服务

青少年运动健康促进服务可以从两个途径进行：一是政府引导的、各学校具体实施的公共基本运动健康促进服务。政府通过相关文件和财政政策引导各学校为青少年提供免费的基本运动健康促进服务。二是市场主导的个体化运动健康服务。社会各相关运动健康服务机构根据青少年体质健康监控的相关数据，为青少年提供符合其自身需要的个体化运动健康服务，对体质健康的不足给予针对性的运动指导服务，以提高青少年的体质健康水平，实现全面发展。

（六）专项服务

专项服务是指根据个体所处的健康状况制定富有个性色彩的服务。处于健康状态与亚健康状态的群体可以选择接受健康教育、咨询健康的生活方式等；慢性病患者可以选取能够减轻症状或治疗自身所患疾病的有针对性的运动健康促进服务。

第三节 青少年体质健康管理机制及其创新探索

一、青少年体质健康管理机制的构成

青少年体质健康管理机制主要包括宏观机制、中观机制和微观机制。

宏观机制是由政府的维度着手,调节管控不同的层级与面向的对象,借助不同的形式连接起各个组织和部分,通过明确标准、构建路径、全面评估等方式,使其在管理机制中取得良好的指引效果。

中观机制包括在宏观机制中,相较于宏观机制显得更为详尽细致,指国家政府领导下的下属行政单位,这些单位监测管理自身管辖的范围,联系沟通管辖范围以外的同级部门和单位,发挥着良好的调节功能。

微观机制和宏观机制建立起了辩证性的关系,微观机制的质量在一定程度上决定着宏观机制的推进,宏观机制的建立也影响着微观机制推进的方向。微观机制和宏观机制由于构成因素的差异而呈现出迥异的个性特征。微观机制属于宏观机制基础性的构成,发挥着十分重要的基本作用。

二、青少年体质健康管理机制的特征

(一)青少年体质健康管理的行政分级

中国特色的青少年体质健康管理采用行政分级的方式进行,形成了层级式的"青少年体质健康管理体系"。政府组织有关专家制定了《国家学生体质健康标准》,并下发各单位遵照执行。

这一纵向式的行政分级式管理形式可以充分借助各级政府的力量实现文件和标准的准确传达,在完成上级任务时表现出十分强大的执行能力。学生体质健康的相关报告显示,与执行力不同,其控制力十分薄弱。

在学校的维度，较易出现学校只完成上级安排的内容，不寻求进步和突破的现象；在学生的维度，学生会觉得测试与自身毫无关系，并不主动、积极地完成相应的测试，错误地认为这只是一种流于其表的形式，这样的情况导致学生的体质无法获得充分的强化。①

（二）青少年体质测试的数据上报

很长时间以来，学校都是根据教育部提出的要求安排广大青少年接受体质测试的。教育部点明要在规定的阶段内，各个学校在每学年结束体质测试之后，都应当科学地整理、输入相关数据，再将相关数据上传到中国学生体质健康网。教育部会选取一些学校提供的数据予以检验、评估，从而为数据的真实性提供一定的保障。然而，实际操作时，大都是通过学校自发安排测试、上传数据的方式推进。由于教育部对学校提出了一定的评价要求，如学校青少年的体质没有达到合格的标准便无法参与优秀学校的评选，加上测试监督上存在的不足，便造成一些学校为保证评优不被影响而随意更改测试的实际数据。在这样的状况下，我国青少年体质水平在将近20年的时间中持续下跌，这也反映出了我国青少年糟糕的体质健康水平。所以，通过怎样的方式建立科学的体质测试监督体系，避免出现虚假的数据上报现象，仍旧值得更为深入的探索。

（三）青少年运动健康指导服务

指导服务机制会成为我国未来青少年体质健康管理科学的选择，这是一种在社会积极提倡健康的背景下，通过健康管理机构为青少年健康给予科学指导和优良服务的形式。从接受体质测试的学生情况来看，由于体质健康宣传等原因的影响，这部分群体大都没有清晰地认识到体质健康的重要性，在日常生活中也较为欠缺专业化的指导；大多数学校当前的测试也还流于其表，很少对接受体质测试的学生的体质情况实行有效的评估和干预。2014年，国务院发布了《关于加快发展体育产业促进体育消费的若干意见》，其中确切地表明，积极地发展、开拓体育事业与产业是提升

---

① 王磊磊. 大学生体质健康发展与干预策略研究[M]. 延吉：延边大学出版社，2016：37.

民众健康水平不可或缺的层面，可以使民众丰富的体育需求得到充分的满足，并且能够实现内需的扩增，提供更多的就业机会，形成经济增长点。所以应该把体育产业视为绿色产业一般进行积极的发展，注意改革需要饱满的动力，市场需要蓬勃的发展活力。在我国，健康管理发展处于上升阶段，存在着大量的市场需要，通过怎样的方式让健康管理更佳地融入学校体质监测中，让学校体质测试摆脱流于其表的形式，从广大在校青少年接受更加专业、科学的测试与获得更加优质的服务，从根本上改变青少年体质不断降低的情况，是需要考虑的问题。关于传统机制向新型机制过渡的方式、策略、风险等，都值得我国各学校和学生进行积极的探讨。

三、新型青少年体质健康管理机制的探索

创新在整个国家的发展进程中都显得十分关键。青少年体质健康管理机制作为影响青少年体质健康的重要因素，也应当实行科学、有效的创新。

（一）青少年体质健康管理的现实困境

1. 政府主导的青少年体质健康管理机制效率低下

青少年体质健康状况一直是党和政府密切关注的问题，每年以此为主题开展的规模各异的会议众多，并推出了很多措施，然而青少年体质水平依旧表现出持续降低的状态，没有得到根本的提升。长期以来，青少年体质健康的管理都统领于政府机制，从政府机制的层面来看，在对青少年体质实施干预时，较易出现效率低下等问题。直至今日，青少年体质健康管理工作也始终由学校负责，没有其他竞争者，在如此局势下，因为需要付出大量的时间与心血才可以实现对青少年体质健康的干预，我国部分学校便出现了较为明显的"重视测试，轻视干预"的情况，学校只是纯粹地完成政府下达的检测任务，很少采取有效的措施干预青少年的体质健康。

2. 以市场为主导的青少年体质健康管理机制缺失

青少年体质健康管理的市场机制具有鲜明的竞争性色彩，要求机构、

企业运营方对相关的技术和信息予以及时有效的更新,从而确保企业的产品和服务能够赢得一定的市场受众。相对而言,市场机制具有更为鲜明的自主性,对工作效率高度关注,能够对政府机制进行合理的补充。同时,市场机制在优化资源配置方面具有非常显著的作用,可以有效地弥补政府机制在资源配置方面的不足。青少年的体质健康促进服务具有明显的公共产品特性,近年来,政府购买公共服务已成为我国社会管理的重要手段之一。我国实行社会主义市场经济制度,市场在配置资源中起决定作用,积极发展现代服务业,优化营商环境,加快释放服务业新动能,只要是社会可以承办的,便应当尽量交由社会办理。如今,我国很多的企业、厂商致力于体质测试仪器的生产,从事青少年体质健康管理的企业与厂商相对而言却十分稀少,所以其具备较为广阔的开拓、发展空间。

(二)青少年体质健康管理的机制创新

1. 青少年体质健康管理的机制重构

我国传统的青少年体质健康管理机制是以政府为主导的,应当在此前提下科学地引进市场机制,这样便能发挥市场机制的调节作用,有效应对政府机制的失灵,通过第三方体质健康管理组织将更加专业、科学的健康管理服务提供给广大青少年群体,有助于在青少年体质强化的层面取得更加显著的成效。由于政府主要负责选购服务、明确标准,因而依然具有管理主体的身份,服务的选购主要通过公开竞标的形式开展;健康管理市场机构主要负责实施相关服务;青少年群体则主要接受服务,从中获得一定的利益,这三方可以基于服务实施效果建立起良好的合作。其中,新型青少年体质健康管理机制的推进必须符合相应的法律规范,这样才可以规避一些不合理的腐败现象。构建起公开、规范的程序与机制,组建融合学校、青少年与政府等不同主体的评价体系,以市场竞争的形式选择优胜者,促使广大的企业与社会组织投入更大的力度完成青少年体质健康的管理,从而改变我国青少年体质不断降低的情况。

2. 青少年体质健康管理机制创新的依据

《国务院办公厅关于政府向社会力量购买服务的指导意见》（以下简称《意见》）指出，各级政府、部门、机构要充分认识政府向社会力量购买服务的重要性。青少年体质健康关系到社会主义体育强国建设，关系到国家的综合国力。《意见》还提出，要进一步放开公共服务市场准入，改革创新公共服务的提供机制和方式，努力为广大人民群众提供优质高效的公共服务。采用政府购买青少年体质健康促进服务的方式，由第三方体育健康服务机构或体质健康管理机构为青少年提供更加高效的、优质的、科学的、个体化的运动健康指导服务，对青少年体质健康水平的提升有重要推动作用。

3. 青少年体质健康管理市场化模型的理论构建

为了构建青少年体质健康管理全新的市场化模型，在对已有文献进行充分研究的基础上，笔者采用层次分析法，按照德尔菲法进行了3轮专家调查，最终构建了"三维多层"的青少年体质健康管理市场化模型。三层，即宏观层、中观层、微观层。宏观层包括国家政策、市场准入、法律法规等因素。国家要通过文件等方式明确相关政策，引导社会资本有序进入；制定市场准入制度，符合条件的企业可以进行青少年体质健康管理服务；制定法律法规，规范市场行为。中观层包括市场开发、人才培养、服务理念。虽然国家对青少年体质健康非常重视，但目前青少年体质健康管理市场还在形成阶段，因此市场的培育和开发将是一项长期工作；青少年体质健康管理的另一制约因素是专业人才的缺乏，体育专业人才不懂医学，医学专业人才不懂体育，因此未来要加快体医融合，大力培养既懂体育又懂医学的交叉复合人才。青少年体质健康管理行业要更新服务理念，因为体质健康管理不是一朝一夕的事情，而应该是终身服务。微观层包括部门配合、学校落实、学生态度、体质监测、成本控制、服务优化等。青少年体质健康管理不是一个部门的事情，各级教育部门、体育部门、卫生部门、财政部门应该密切配合、多方协同，做好青少年体质健康管理工作；学校是具体的执行层，应该积极响应国家号召，认真落实《国家学生体质健康标准》，引导学生加强体育锻炼、提高体质健康认知，认真落实学生体质健康监控制度，端正学生锻炼态度；企业要认真研究学生体质健康管理的各个层面，弥补学校体质健康管理的不足，对学生体质健康进行科学管理，加强成本控制，建立服务意识，更新服务理念，提升服务质量。

4. 基于AHP-SWOT模型的青少年体质健康促进服务的市场化分析

AHP（Analytic Hierarchy Process）是层次分析法的简称，而SWOT分析是企业战略管理中心环境态势分析的常用方法，是优势（Strength）、劣势（Weakness）、机会（Oppotunity）、威胁（Threats）的缩写。AHP-SWOT模型是层次分析法与态势分析法的结合，该分析法能够克服单纯层次分析法对环境态势分析不够用和SWOT中没有层次分析的缺点，有助于青少年体质健康促进服务市场化的科学决策。

（1）优势分析：青少年体质健康促进服务的全程化理念

企业进行青少年体质健康促进服务要建立全面化、全程化、客观化、终身化的理念，即体质监测全面化、健康服务全程化、测试数据客观化、健康促进终身化。

首先，与往常的青少年体质健康测试对比，服务的终身化是其十分鲜明、突出的特征。以前，学校只纯粹对青少年在校期间的体质加以测试、评估和引导，没有对青少年体质健康实行持续的追踪了解，而通过第三方社会组织或者企业对广大青少年群体实行健康管理，便打破了在校的期限，可以保证其获得延续终生的健康管理服务。另外，这样的举动还能够有效地带动体育消费，让民众形成更加强烈、鲜明的体育消费意识。其次，专业规范的第三方健康管理机构可以更为系统、规范地完成内容的检测。第一，能够保证教育部规定项目指标的测验取得良好的效果。第二，能够针对学生一般健康指标进行良好的检验。第三，还可以科学有效地筛查学生是否存在慢性病因素，实现对学生健康的科学评估，让体质测试与健康体检紧密结合，这样在校青少年便不用为了体质测试与健康体检来回奔波，耗费不必要的时间。与此同时，还能够借助健康检测、健康咨询等方式使广大青少年得到更加精准、有效的测验与评估，设计科学的、个性鲜明的运动处方，促进学生以更加热情、自主的态度投入体育运动中。最后，青少年体质健康管理服务实现市场化之后，整个数据显得更为真实客观、更具说服力。政府以选购第三方健康管理方的方式对青少年体质健康实行科学管理，能够避免出现部分学校对青少年体质健康的管理流于其表、只重视数据甚至弄虚作假的情况。专业规范的健康管理组织与企业会经常性地更新与完善仪器设施与检测方式，同时也能在数据统计和评估方面做得更加精细。此外，其配备的工作人员表现出更加多元的特征，涉及了不同领域的专家，同时也提供了十分优良的人员培训，数据显得更为客观、符合事实。

（2）劣势分析：市场开发和企业知名度较低

企业需要进入市场，就需要获得消费者的认可并有一定的忠诚度，因此其品牌和知名度非常重要。体质健康管理在我国依旧是一个处于初始发展阶段的产业，大部分的青少年乃至体育教师尚未对其形成清晰全面的认知。所以，从事健康管理的组织、单位与企业，应当投入更多的时间和精力宣传与推广健康管理，这样才会使人们对健康管理服务形成更加充分的认知与强烈的认可，感受健康管理服务的便捷性。从前期成本来看，应当选购大量的设备与仪器，并耗费一定的资金聘任优秀的人才，第三方健康管理组织为青少年提供的业务大都带有非营利的特征，所以，前期需要耗费比较高昂的成本。然而，从长远的视角进行思考，当青少年们离开学校，在一定专业领域从事自己的工作或者创业成为老板，他们便都能够演变为之后的目标群体。健康管理组织能够根据其体质健康水平的不同为其制定具有针对性的健康服务，这样来看，健康管理组织便取得了长远的收益。在专业人才层面，健康管理在我国的发展尚未步入成熟的阶段，该行业的人才主要还是健康管理领域的专家、教授，后续储备人才的培养仍处于初始阶段，因而专业人才十分欠缺。

（3）机会分析：政府政策大力支持

制定相应的国家政策是青少年体质健康促进服务实现市场化的必要基础。只有青少年体质健康促进服务的市场化与我国政府之后的工作方向保持一致，青少年健康管理的政策才具有可操作性。学生的体质呈现明显的降低是整个社会都关注的问题。要阻止体质降低的态势，市场应当实施的要点便是选取合适的机会进入，完善政府做的不足之处，从而更好地推动青少年体质健康的发展。此外，青少年体质健康促进服务可以开拓的客户群体十分多元，毕业以后从事工作的群体、在校青少年的亲属等都能够发展成为将来的客户群体。而立足于青少年市场这一基础，还能实行更加丰富的经营战略。

（4）威胁分析：法律法规尚未完善

良好的政策需要科学规范的制度的支持才可以更加协调地落实。只有通过严谨的法律法规对市场与政府实行规范、束缚，才可以确保青少年体质健康促进服务有序地推进。在规范的法规制度与流程的支持下，政府公共服务的选购能够更为充分的开展。与此同时，如果市场准入并不合理，健康促进服务的品质便无法获得保障。市场准入最低门槛的设置应当采取资格认证与资质评定的手段，这样才可以确保市场形成良性的竞争关系。在学校的协调配合层面，应当对学校与第三方关系予以科学的处理、协调，构建起平等友好的关系。学校也应当充分意识到采用第三方健康管理机构管理青少年体质健康的优势：第一，缓解了学校在资源上承受的负担，有效执行了学校体质健康管理的任务，学校只需投入少量的人力与物力。第二，学校无需担负事故的风险，在体质测试与运动健康促进方案的实施中，如果青少年学生出现了意外事故，责任由第三方机构承担，学校不会因此陷入事故和法律纠纷之中，实现了风险承担主体的转移。同时，第三方健康管理机构在充分尽到义务的基础上，也可以通过购买保险的方式规避风险。

第四节　青少年体质健康管理系统及其开发研究

开发青少年体质健康管理系统是提高青少年体质健康管理水平的有效方法。随着现代科学技术的发展，青少年体质健康管理系统也将更加智能。

一、青少年体质健康管理系统的理论研究

（一）青少年体质健康管理系统的研究不足

1. 青少年体质健康监控中缺乏心理学指标

如今，青少年体质健康测试已经全面展开，但在实际工作中可以发现，《国家学生体质健康标准》中涵盖的指标并不全面，心理指标的缺乏在很大程度上影响了测试及评价的准确性。

2. 青少年体质健康管理系统中缺乏干预模块和互动模块

目前，国家学生体质健康标准数据管理系统可供使用的仅有数据录入、学校查询、资料更新、数据统计、用户管理、系统管理等，功能远远不能满足需要，甚至青少年学生都不能通过系统查询自己的体质测试数据，更没有健康干预功能和健康反馈功能。因此，现有的青少年体质健康管理系统还有很多功能需要开发和完善。

3. 青少年体质健康监控系统没有连接运动监控设备

从体育学、生理学、医学等层面来看，负荷较低的运动无法产生强化体质健康的功能，运动锻炼取得的成效并不突出，而超出身体负荷能力的运动，则不仅无法有益于人体的发展，而且会对人体产生负面的影响，使青少年备感疲劳、出现运动损伤，甚至出现意外伤害事故。所以，青少年在开展体育锻炼时，不仅应当充分把握准确的锻炼方式，还应当以合理的测试方式测得人体最为适宜的运动量，从而更为精准、确切地观测身体机能出现的变化，设立科学的锻炼计划，取得更为优良的锻炼成效，并有效缩减运动损伤，让有机体能够始终获得良好的运动效益。设计、研发运动能量监控设备能够在一定程度上促进青少年体质健康的管理。

（二）青少年体质健康服务的研究展望

有关青少年体质健康服务平台的相关研究成果近年来逐渐显现。目前

青少年体质健康服务平台研究的趋势主要有如下几个方面：一是全面化的体质健康测试、全程化体质健康服务研究；二是第三方青少年体质健康服务研究；三是青少年体质健康自我认知提升及自我管理研究。

1. 全面化的体质健康测试及全程化体质健康服务研究

现有的青少年体质健康测试主要从身体形态、身体机能、运动素质等方面进行，而心理学指标和社会适应能力的指标还很缺乏，因此应该建立更为全面、积极的青少年体质健康监控指标体系。积极全面的体质健康测试源自积极心理学。积极心理学强调探索人类积极优秀的品格，充分开发人潜在的能量，推动个体和社会的进步，让人类的未来更加美好和光明，它是借助着心理学当前较为系统成熟的实验方式和测试方式，探索人类能量与优秀品德等层面的心理学思潮。当把积极心理学运用于青少年健康管理上，便会形成更为详尽、细致的青少年健康信息，这样不仅能够以有效的干预与引导措施遏制消极因素的发展，也能够实现积极因素的强化，让青少年健康管理模式获得更为优良的思考路径。但是，我国青少年体质健康管理目前还仅仅停留在体质测试阶段，后续工作尚未有效开展，因此如何使青少年体质测试的数据能够有效使用，并以此为依据开展青少年体质健康促进工作是未来学术界需要重点思考的问题。

2. 第三方青少年体质健康服务研究

第三方青少年体质健康服务是指由第三方的青少年体质健康促进机构为青少年、青少年群体或学校提供全面的、全程化的体质健康促进服务，它的想法是让专业化的健康管理机构利用各方提供的资源实行精准、科学的健康管理。这样不仅可以有效提升资源的利用率，还能够取得更加优良的成效。在第三方管理中，健康管理师的重要性不容忽视。健康管理师主要负责健康监控、健康分析、健康评估或健康干预等工作，在美国，健康管理公司已经发展得较为成熟，大量的居民能够接受良好的健康管理服务。相较而言，中国的健康管理行业仍处于初始发展阶段，中国大陆地区存在的健康管理机构十分稀少，大都属于医院与体检中心的附属部门。在我国众多的公民中，可以接受专业规范的健康管理服务的人群占比极低。对于青少年群体来说,目前仍然是以学校为主导、以学生体质健康测试为主要抓手的体质健康促进模式,能够获得全面的体质健康测试、全程化的体质健康促进服务的青少年非常稀少。以学校为主导的青少年体质健康促进服务的实施力量并不充足,管理方式并不多元,无法发挥出优良的成效。如果能够在青少年健康管理中合理地融入第三方管理,那么便会在很大程度上推动青少年体质健康的发展。

3. 青少年体质健康自我认知提升及自我管理研究

相较于第三方青少年体质健康促进机构,青少年体质健康的自我管理显得更加自主,理想化色彩更为浓厚。当前,自我管理的情况是:欠缺一个能够被大众普遍接纳、十分系统的自我管理模式;研究者主要采用定性分析的方式探索影响自我管理的因素,实证探究较为匮乏;学界关于自我管理和后果变量作用机制的研究大都位于初始发展时期;选取的研究对象大部分都毫无实际意义。在一定层面上,自我管理涵盖了第三方管理涉及的全部层面,其不同体现在:实行自我管理的主体是本人,而实行第三方管理的主体则是健康管理领域的优秀专家。自我管理的实行需要一个全面科学的健康管理体系的支持,能够使管理者获得自我测试、自主分析、自我评价的能力,并通过线上学习、线上指导获得自我运动干预能力等全面、优质的服务。其中,充满人性色彩的学习与咨询发挥着最为突出的作用,可以让广大青少年及时、有效地习得健康管理方面的丰富知识,进而以此为基础对自身的健康做出积极的管理,还可以利用手机、电脑等设备随时随地科学地管理自身的健康。

二、青少年个性化体质健康服务系统的研究与开发流程

青少年个性化体质健康服务系统的研究与开发流程,实际上是指该类系统或平台的设计思路和方法的一般过程。青少年个性化体质健康服务系统的开发包括青少年体质健康服务系统的需求分析,系统的概要设计、详细设计,软件的编码、测试、交付,系统的验收、维护等过程。第一步,

青少年个性化体质健康服务系统的需求分析。应由系统的分析员初步向教育部门、体育部门、学校、家长、青少年了解需求。第二步,青少年个性化体质健康服务系统的概要设计。需要对青少年体质健康服务系统的设计进行综合考虑,明确大概的处理流程、组织结构、模块划分、功能分配、接口设计、运行设计、数据结构设计和出错处理设计等。第三步,青少年体质健康服务系统的详细设计。描述实现青少年体质健康服务系统具体模块所涉及的主要算法、数据结构、类的层次结构及调用关系等,要将第一步中的需求完全实现,为后续的编码和测试做好准备。第四步,编码阶段。根据需求和第三步做好的详细设计开始编写程序,要能够实现所有模块的功能。第五步,系统测试。系统测试是开发中一个非常重要的步骤,按照青少年体质健康服务系统测试范围的不同,可以分为模块测试和整体联调;按照测试执行单位的不同,可以分为内部测试和外部测试。第六步,系统交付使用方。通过测试发现问题并进行修改,在软件完全满足要求后可以向用户提交,提交的内容包括需求报告、设计报告、测试报告、安装程序、数据字典、安装说明、使用说明等。

三、青少年个性化体质健康服务系统开发的可行性分析

(一)青少年个性化体质健康服务系统的需求分析

青少年体质健康促进工作包括体质测试、数据统计分析、健康促进等多个环节。在体质测试中,需要收集学生基本信息、身体形态数据、身体机能数据、健康数据、运动素质数据,并进行数据分类整理上报;在数据收集完成之后还需要进行统计分析;青少年体质健康促进工作测试通常是一对多的形式。在每一个环节中都有海量的数据资料信息,人工操作工作量大、出错率高,而采用青少年体质健康服务系统来对青少年体质健康促进工作进行管理,则可以有效减少教育部门、体育部门、学校、第三方机构、家长、青少年的工作量,使运动健康服务工作质量和效率有效提高,因此从需求层面来说,开发青少年个性化体质健康服务系统具有较好的可

行性。

（二）青少年个性化体质健康服务系统的可操作性

青少年个性化体质健康服务系统要让在读青少年学生能够利用校园网时刻登录体质健康管理系统界面，查询发布于网站上的自身体质健康信息，并借助相应的健康干预获得十分全面的健康评估报告。学生们可以在健康反馈中提出自己困惑不解之处，之后专家会提供科学的解释。总的来说，在实用性及可操作性上，青少年个性化体质健康服务系统的研发是必要的，也是可行的。

四、"一平三端"青少年个性化体质健康服务系统的功能模块

为了方便青少年体质健康监控与健康促进工作，青少年个性化体质健康服务系统可采用"一平三端"模式。"一平"即一个系统平台，整个青少年个性化健康服务系统作为一个平台，连接服务供给端、管理端、用户端等"三端"。这里所说的"三端"并非一定要采用安装客户端的形式进行，也可以通过浏览器登录页面的"身份选择"登录不同的界面，浏览并管理不同的模块。青少年个性化体质健康服务系统包括十大功能模块，即基本信息管理模块、健康信息模块、身体形态模块、生理机能模块、运动素质模块、心理健康模块、社会适应模块、运动处方模块、健康干预模块、干预反馈模块。

（一）用户端

青少年注册并登录青少年个性化体质健康服务系统的用户端后，可以在基本信息管理模块中输入、修改自己的基本资料和登录密码；在健康信息模块填写PAR-Q问卷、运动前健康筛查问卷并录入医学检查资料；在身体形态模块录入身高、体重、胸围、肩宽、四肢围度、肢体长度、脊柱形态、胸廓形态、腿型、足型等信息；在生理机能模块录入生理数据；在

运动素质模块录入力量、速度、耐力度、灵敏度、柔韧度等数据；在心理健康模块进行心理健康测评；在社会适应模块进行社会适应测评。在完成上述工作后即可以在运动处方模块获取运动处方；在健康干预模块获得健康干预指导。在完成运动处方和健康干预后可以在干预反馈模块录入反馈信息。

（二）管理端

对于各大、中、小学来说，管理员可以登录青少年个性化体质健康服务系统的"管理端"，然后在基本信息管理模块中整体导入青少年学生的信息，信息导入后设置特定的密码，学生即可登录，学生首次登录需修改密码。学校体质健康管理部门可以在学生体检、体质健康测试过程中通过智能化设备及时、自动地上传健康信息、身体形态、生理机能、运动素质等相关数据，亦可以在所有测试完成后将数据整体上传；数据上传后学生即可随时查看。而 PAR-Q 问卷、运动前健康筛查问卷、心理健康测评、社会适应能力测评则由学生自行通过"用户端"完成。学校还可以通过运动处方模块、健康干预模块和干预反馈模块了解并监督学生体育锻炼和健康干预的执行情况，并实施预警制度。

（三）服务供给端

运动健康服务机构/企业、医学检查机构、健身俱乐部等第三方机构/服务提供商可以登录服务供给端为青少年提供个体化的健康促进相关服务。

运动健康服务机构/企业可以在服务供给端的基本信息管理模块查看青少年的基本信息；在健康信息模块、身体形态模块、生理机能模块、运动素质模块、心理健康模块、社会适应模块设置制定运动处方和健康指导方案所必须的测试项目，由运动健康服务机构、医学检查机构、学校或青少年自身完成相关测试并录入数据。首先，运动健康服务机构/企业可以查看所有的测试信息，并以此为依据由专业的运动处方师制定运动处方，再在运动处方模块、健康干预模块录入，指导青少年执行运动处方；然后，在干预反馈模块了解青少年执行情况，定期回访并调整运动处方。

医学检查机构可以在服务供给端查看学校和运动健康服务机构／企业提出的要求，为青少年提供指定的医学检查。

健身俱乐部可以在服务供给端设置能够提供的服务项目，也可以按照学校提出的要求、运动健康服务机构／企业出具的运动处方，为青少年提供运动场所、设备和健身指导。

五、"一平三端"青少年个性化体质健康服务系统的开发

（一）"一平三端"青少年个性化体质健康服务系统的开发前提

"一平三端"青少年个性化体质健康服务系统的开发至少需要两个前提。一是该系统的开发需要一定的硬件条件；二是该系统的开发还需要有一定的软件条件；三是人才条件。硬件条件是指"一平三端"青少年个性化体质健康服务系统的开发需要有服务器、电脑、网络接入设备等。软件条件是指系统的开发需要有一定的开发软件工具，如 Eclipse、Access 等。人才条件是指开发"一平三端"青少年个性化体质健康服务系统的工作人员需要掌握熟练的计算机技术及编程能力，并且他们要思路清晰、设计合理。

（二）"一平三端"青少年个性化体质健康服务系统的开发环境

Eclipse 集成开发环境是基于 JAVA 的、开放源代码的可扩展开发平台。"一平三端"青少年个性化体质健康服务系统的开发可以采用 Eclipse 作为开发平台。Eclipse 不仅是一个 JAVA 集成开发环境，还可以是插件开发环境，它允许开发者构建与 Eclipse 环境无缝集成的工具。

常见开发语言有 C++、NET、JAVA、DELPHI 等。JAVA 是一门面向对象程序设计语言，它继承了 C++ 语言面向对象的技术核心，舍弃了 C++ 的一些缺点，具有面向对象、简单性、高性能、安全性、平台无关性、解释执行、健壮性、多线程、分布式等优点。基于以上原因，"一平三端"青少年个性化体质健康服务系统的开发语言可以选择 JAVA。青少

年个性化体质健康服务系统要基于网络环境运行,根据条件和需要可以选择 Oracle、MySQL、Access 等作为软件开发的数据库。

(三)"一平三端"青少年个性化体质健康服务系统网络结构模式的选择

"一平三端"青少年个性化体质健康服务系统的开发可以采用现阶段比较通行的浏览器/服务器(B/S)或客户端/服务器(C/S)网络结构模式。浏览器/服务器模式是在 Web 出现以后兴起的一种网络结构模式。该模式需要一个服务器,核心业务在服务器完成,用户只需要有浏览器即可通过 Web Server 访问服务器的数据库并进行交互;优点是灵活度高、扩展性良好、易于维护与升级、成本低廉。客户端/服务器模式则是比较常见的软件客户端模式。该模式需要一个服务器,还需要一个客户端,部分业务在服务器完成,也有部分业务在客户端完成,这样可以降低通讯成本,加快运行效率;特点是安全性高、传输效率快、个性化、稳定性高。

(四)"一平三端"青少年个性化体质健康服务系统实现的技术路线

管理员在数据库里输入、保存青少年身份学籍信息与体质健康相关数据,专家利用互联网登录健康服务系统的界面,接着详尽地探究、评估学生的健康信息,并与健康干预结果共同保存至数据库里。系统以操作数据库的方式充分发挥出健康服务系统的作用,学生能够在任何时间与地点利用互联网登录健康服务系统展开查询,让体质健康管理更具个性色彩与互动感。

第四章 促进青少年体质健康的重要途径：体育锻炼

青少年是祖国的未来和希望，其体质健康是建设体育强国的基础。因此，青少年体质健康的促进已成为我国一个重要的研究课题。研究表明，体育锻炼对于增强青少年的身体素质和改善他们的心理状态具有重要作用。本章探讨体育锻炼促进体质健康改善的基本原理、机制与常识，再在此基础上进一步讨论促进青少年体质健康的体育学方法和保障机制，最后通过实验来验证体育锻炼在降低青少年便携智能终端"成瘾性"、改善青少年睡眠质量、促进青少年体质健康等方面的作用。

第一节　体育锻炼促进青少年体质健康改善的基本理论与常识

青少年时期是人一生中身体形态、身体机能快速发展的阶段，也是其世界观、人生观、价值观形成的重要阶段。青少年时期形成的习惯和生活方式往往会延续到成年以后，并影响其未来家庭中的所有成员。因此，学校、社会、家庭要在此时帮助青少年有规律地进行体育锻炼，提高他们的身体机能，使他们养成健康的生活方式。

一、体育锻炼促进青少年体质健康改善的基本理论

很多时候，青少年的健康离不开体育锻炼的帮助。此处所指健康是从多维的角度来定义的，它包括人的生理、心理和社会适应等方面的良好状态。通过长期、科学、有序的体育锻炼，青少年可以实现这些方面的健康发展。从某种程度上讲，健康并不是一成不变的，它是适时运动的，并且随时都可能出现健康问题，而体育锻炼可以通过调节人的非健康状态促使人朝着健康状态转移，对于有效促进人体持久健康非常有益。

（一）体育锻炼对人体生理机能的影响

体育锻炼对人体生理机能的影响主要体现在对心血管系统、呼吸系统、运动系统、神经系统、消化系统和泌尿系统方面的影响。

1. 体育锻炼对心血管系统的影响

心血管系统是机体血液存在的主要系统。这是一个由心脏和血管组成的有机体循环系统。在这个系统中，血浆和血细胞组成的液态结缔组织——血液，按照一定的方向循环往复地流动着，有机体与外界的物质交换及体内的物质运输就是在这个血液循环体系的运作中完成的。这足以说明心血管系统在有机体的身体运行中占有重要地位。从生理学的角度来看，体育锻炼可以有效增强心血管系统的生理机能，其具体表现如下：

（1）促进血液循环

生理学家发现，人的体重中约有 8% 为血液的量，但这个比重并不是固定不变的，因为通过长期的体育锻炼，它会有所增加，有时能增加至 10%。在运动过程中，血液的重新分配将会变得比较快，能对人体承受较大生理负荷起到一定的帮助作用。①

（2）改善心脏功能

通过对无数运动实践的研究，人们发现长期进行体育锻炼的人体内

---

① 彭玉林. 青少年运动与健康促进研究 [M]. 北京：中国经济出版社，2017：43.

的肌红蛋白含量会比常人的多一些,心肌的收缩力也更强,进而促进心脏更加有力地搏动。由体育锻炼引起的心脏增大的变化是一种良好的生理现象。这种变化的出现是因为长期的体育锻炼在提高心脏收缩力的同时增加了心壁主要是心肌的厚度。心肌厚度增加能够提升心肌的收缩力。此外,长期体育锻炼还会让心脏的体积增大,心腔容积增大。一般心容量与血液的每分输出量、每搏输出量成正比,所以时常进行体育锻炼的人血液的输出量相较普通人的更大。[1] 普通人心脏每次收缩能够输出的最大血液量大约只有100毫升,而经常从事体育锻炼的人心脏每次收缩可以输出的血液量大约为200毫升。然而,心脏跳动次数与血液的每搏输出量成反比,所以长期坚持运动的人,心脏每分钟跳动的次数会比一般人的更少,即节省了身体机能的消耗,称为心脏的机能节省化。也就是说,经过长期的体育锻炼,人的心脏减少了每分钟跳动的次数,此时心脏拥有更多的休息时间,并且流回心脏的血液量也有所增加,从而提高下一次收缩的血液输出量。

(3) 提高机体免疫力

正常人的血液中都含有几百万个红细胞,但男女有所区别,一般成年男性每立方毫米的血液中含有450万~550万个红细胞,成年女性每立方毫米血液中则只有380万~460万个红细胞。[2] 但长期运动的人血液中每立方毫米的红细胞会增多,比如耐力训练可以使人体血容量增加8%左右;耐力项目运动员红细胞容量可以增加15%左右。[3] 由于红细胞的增加能够提高氧的运输效率,所以有规律的体育锻炼可以有效增强组织的血氧供应,为机体活动提供更多的营养与氧气,从而提高机体免疫力。体育锻炼除了能增加红细胞的数量,还能增加人体中白细胞的数量。白细胞是人体免疫能力最重要的来源,它不仅能促进机体产生适量的抗体,还能杀死侵入人体的病菌,从而保证身体健康状态的保持。运动后人体血液中白细

---

[1] 杨瑞鹏. 行为学理论干预下的青少年体育锻炼行为与体质健康促进研究 [M]. 长春:吉林人民出版社,2017:123.
[2] 唐涛,周明成. 动物辞典(上)[M]. 呼和浩特:远方出版社,2005:64-65.
[3] 王秦英,宋浩,陈美虹,等. 健康中国背景下运动健康促进的理论与方法研究 [M]. 徐州:中国矿业大学出版社,2018:48.

胞会出现数量增多现象,称之为运动性白细胞增多。运动性白细胞增多主要是淋巴细胞增多,可以增加40%～50%。

2. 体育锻炼对呼吸系统的影响

人的呼吸系统由肺部和呼吸道构成,可以将体内多余的二氧化碳排出,同时吸入适量的氧气,从而实现人体与外界的气体交换,为人体各器官组织的生理活动提供必要的体能基础。研究表明,体育锻炼对人体呼吸系统具有重要影响。具体来说,丰富多样的体育锻炼活动不乏一些运动强度较大者,它要求肌肉做出比较剧烈的运动,这就可能因消耗体内大量氧气而产生许多二氧化碳,此时如果不能及时供给充足的氧气,人体就难以维持健康状态。因此,人的呼吸系统就要提升工作效率,产出更多"工作成果"来支持机体活动的运行。根据研究,在平静状态下的人体每分钟呼吸12～16次,肺部通气量为6～8升。然而,在较大负荷的体育运动下,人体每分钟呼吸量可达到40～50次,肺部通气量约为平静状态下的5倍。经常参加体育锻炼的人,呼吸差(尽量吸气时与尽量呼气时的胸围差)可增加到9～16厘米。[①] 总之,体育锻炼可以加大呼吸的深度和增加氧气的进入量,以满足机体对氧气的需求,提高呼吸效率,对保持身体健康和预防疾病都有非常重要的作用。

3. 体育锻炼对运动系统的影响

肌肉、骨骼和关节构成了人体的运动系统。在这个系统中,骨骼是体育运动的杠杆,关节是体育运动的枢纽,肌肉收缩则是体育运动的动力,它们相互作用、相互合作,共同支持人体各项体育运动的有效实施。反过来,科学的体育锻炼又能够使青少年的骨骼、关节、肌肉呈现良好的适应性改变。

(1) 体育锻炼可以提高青少年的肌肉力量

经常参加体育锻炼能够促进青少年骨骼肌毛细血管增多,使运动中和运动后肌肉的血液供应增加,肌肉营养得以改善。体育锻炼中力量训练

[①] 王秦英,宋浩,陈美虹,等. 健康中国背景下运动健康促进的理论与方法研究[M]. 徐州:中国矿业大学出版社,2018:48.

还能够促进激素尤其是雄性激素的分泌，而这类激素能够促进蛋白质的合成。骨骼肌主要是由蛋白质构成，因此通过体育锻炼能够有效地促进骨骼肌的合成，使肌纤维直径增大，肌肉体积增大，收缩力增强，从而进一步增强肌肉的敏捷性、持久性、反应性。另外，合理的体育运动对于肌肉结构的改善也具有重要作用，它能降低肌肉中的脂肪含量，促进人体新陈代谢，形成良好的体型，维持人体处于健康状态。

（2）提高骨性能

青少年在科学合理的体育锻炼后，既能获得更加发达的运动系统，又能改善骨结构的性能、促进身体的新陈代谢和增强血液循环系统的运作。骨性能的提高主要体现在骨质更加坚固、骨骼承受能力更强、骺软骨不断分裂增殖等方面，尤其是骺软骨的增殖可以促进青少年身高快速发育。

（3）提高关节的稳固性和灵活性

青少年关节稳固性和灵活性的提高是通过力量性体育运动和柔韧性体育运动实现的。力量性体育运动不仅能够有效增加骨密度和关节面厚度，还能够训练关节周围的肌肉，使其更加有力，从而提高关节对力量的缓冲能力和关节的稳固性能。柔韧性体育运动专门训练关节周围的肌腱、韧带和关节囊等器官的伸展性，可以有效增加关节的运动幅度，锻炼关节的灵活性能。

4. 体育锻炼对神经系统的影响

（1）促进反应能力的提升

青少年在参加体育运动尤其是大负荷的锻炼时需要肌肉、骨骼和关节的配合，但要使它们自然、轻松地活跃起来，就要利用神经系统对人体各器官与系统机能的调动功能，并迅速反应过来。在这一过程中，神经系统的兴奋性及其抑制交替转换的灵活性的加强对提高神经系统的调节能力具有重要作用。这样不仅可以提高神经系统的反应能力，还可以增强人体的灵活性，使青少年能在行动时更加敏捷。

（2）促进青少年适应能力的改善

与较少运动的人比较，经常进行体育锻炼的人无论是在体格、形体、精神还是在基础代谢方面都表现得更好。此外，体育锻炼通过刺激人体的神经系统有效加快了血管收缩的速度，尤其在不同程度上提高了机体对温度的适应能力，即当周围环境温差变化较大时，训练后的神经系统会快速开启防御保护系统，防止寒气或酷热的入侵，从而达到保持身体健康的目的。

（3）提高大脑皮层神经细胞的耐受性

在经过长期、规律的体育锻炼后，青少年的身体会出现明显变化。通过规律的体育运动，青少年体内的血液循环加快，新陈代谢也逐渐旺盛，大脑皮层血液流动量增多，神经细胞受到滋养后变得更加活跃，这就使大脑运动更加灵活，在抗疲劳方面的耐受性更强，从而大大提高人脑的运动效率。

（4）延缓大脑组织的衰老

控制人体的最高级器官就是脑部的神经系统，它是用来反映身体各部位获得的外界信息的器官。想要神经系统更好地发挥作用，就要给予其源源不断的信息刺激，而这个刺激是通过人体适当的运动获得的。如果人体长时间缺少运动，大脑神经系统就会因没有有效的信息刺激而出现反应迟缓和早衰现象。因此，青少年应加强体育锻炼，不断地把外界信息通过肢体上的肌肉、骨骼等器官传输给中枢神经系统，以刺激脑部神经，提高它的活力和应激能力，从而延缓大脑组织的衰老。

5. 体育锻炼对消化系统的作用

体育锻炼对人体消化系统机能的提高有一定的促进作用，具体分析如下：

（1）促进消化管的蠕动

进行适量的身体活动或运动能够改善胃肠道平滑肌的功能，促进胃肠的蠕动，使消化管内的食物与消化液充分混合，增强胃肠的消化功能，同时也能够减少食物通过消化管的时间，促进肠道内食物残渣的排泄。

（2）促进营养物质摄取

除了促进肠胃蠕动功能的发挥，体育锻炼还有利于人体内脏器官机能的增强。这样可以帮助人体更好地吸收食物中的营养，提高肠胃对食物的消化和吸收，同时也可以提高青少年的食欲。可以说，体育锻炼既有消脂减肥的作用，又有改善厌食等不良习惯的用途。

（3）缓解脏腑器官压力

人体摄入大量食物后会在腹腔内形成较大的压力，这些压力会影响肾脏、脾脏等器官的健康，所以应增强肠胃的积极蠕动，以有效帮助人体更好地消化肠胃外壁的脂肪，从而减少腹腔内的压力，保持身体的健康状态。

6. 体育锻炼对泌尿系统的影响

体育锻炼有助于改善和增强人体泌尿系统功能，具体分析如下：

（1）提高肾脏健康水平

运动能够引起肾脏功能的改变，中小强度的体育锻炼能够促进肾脏血管的轻微收缩，使人体的血液循环、有效循环血量、肾小球毛细血管压力保持在健康范围内，并在锻炼结束后恢复正常。这种适度的改变，会使肾脏出现适应性改变，加强肾脏各方面的功能，达到健肾的目的。

（2）提高肾脏排泄功能

进行健步走、伸展体操、力量训练等中小强度运动，青少年的血压和血流会呈现出波浪形的变化，从而改善肾血管的功能，血尿屏障通透性改变，提高肾小球的滤过率，促进尿液的生成与代谢产物的排出。长此以往，肾脏的反应能力就会被有效地激发出来，进而带动其代偿和排泄功能的提高。

（二）体育锻炼对青少年心理系统的影响

体育锻炼对青少年心理系统的影响主要体现在以下几方面。

1. 改善不良情绪

从心理学的角度来看，当一个人过于关注或思考某个事物时，脑海中就会出现许多与这个事物相关的信息，这就是个体心理的"吸引力"现象。根据这一规律，一个人如果十分关心一件高兴的事情，就会获得许多积极向上的信息；如果过于关注一件伤心的事情，则会累积大量消极信息。通过体育锻炼，大脑皮层的运动中枢会形成一个兴奋水平远高于其他中枢兴奋水平的"优势兴奋灶",从而具有保护性地抑制其他中枢产生的兴奋灶,即将人所关注的消极信息转为积极信息,减少个体心理的疲劳和不良情绪。可以说,体育锻炼能有效调节人的情绪,使人的关注点朝较积极的方面发展。长期参与体育锻炼能够增强人的自尊、自信,同时还能有效缓解甚至消除焦虑、烦恼、抑郁、自卑等不良情绪,对于治疗并改善神经衰弱、歇斯底里等症状也具有重要的帮助作用。

2. 培养坚强的意志品质

个体在面对困难时,常会体现出一定的心理特征,其中较好的称为意志品质。通常,意志品质的培养可以通过训练青少年不断克服困难的方法实现,而体育锻炼可以有效培养青少年克服困难的能力,进而培养出果敢、坚强、自信、自觉、坚定、善良的意志品质。这些品质能帮助青少年在面对学习或生活困难时更加勇敢而坚韧。青少年在参与体育锻炼时,往往需要克服主观困难(如畏惧、胆怯心理、运动疲劳、运动损伤等)和客观困难(如运动难度、意外障碍、气候变化等)。此时,足够的意志力量就显得尤为重要了。实际上,青少年在进行体育锻炼的过程就是他们为达到某一目标而克服种种困难的一个意志力培养的过程,只有经受住了这些困难的考验,才能形成顽强的意志品质。所以说,体育锻炼可以培养青少年坚忍不拔、勇敢顽强、吃苦耐劳的意志品质,培养和坚定青少年的目的性、自制力。

3. 提高青少年的认知

在认知理论中,人的认知包括人对事物的直观性认识(感性认识)和间接性认识(理性认识),它是一个从感性认识升华到理性认识的过程。体育锻炼就是一个完整的认识过程,这个过程中占有重要地位的是感性认识,即运动技能的基础。也就是说,青少年在进行体育运动前先对相关动作形成一个初步的认识,然后在此基础上通过不断的训练把表象认识升级为深层的理性认识,最终实现训练目标。总之,有效的体育锻炼可以提高青少年认识事物和运用知识的能力。

4. 增强自我认识

"我是怎样的人""我想要什么""我觉得怎样""我能做什么"等，都属于自我认识，有时候也叫作自我概念。经常参加运动，青少年可以对自我有一个清楚的认识，从而更加有效地确定自己所能做的事情。例如，青少年在参与体育运动的过程中就能很清楚地感受自己的身体和心理状态，从而在心里形成一个正确的自我概念。

5. 锻炼动机与行为实施

行为是个体心理活动的最终结果，动机则是一个人实施某种行为的动力，它能够使某人对一件具有明确指向性的具体活动保持坚持不懈的信心。体育训练中也存在许多动机，并且青少年可以根据自己的动机选择不同形式、不同内容的体育运动，甚至决定锻炼时长。因此，教师应努力培养青少年强烈的健身动机，以提高他们对体育锻炼的兴趣，养成长期坚持体育运动的好习惯。

（三）体育锻炼对人社会适应的影响

体育锻炼本身是一种个体行为，而体育文化是一种社会文化，所以青少年进行的体育锻炼属于一种社会化的运动。特别是当具有共同体育爱好的人在进行集体性体育锻炼活动时，每一个爱好者的行为体现出来的应该算是一种社会集体中的行为。这种行为能够帮助青少年勇敢面对社会，积极适应社会，从而有效提高他们的社会适应能力。

1. 提高运动能力

身体运动能力可以为有机体的生产活动和生活活动提供前提。一个正常人从小到大都会参与各种各样的体力活动，如做家务、体育运动等。在具体的社会生产过程中，人无论参加何种体力活动都离不开机体的参与，而一些特殊的社会活动对机体的运动能力有着较高要求。因此，身体运动能力的提升应纳入青少年的教育活动。根据实践研究，体育锻炼正好有利于身体运动能力的提升。具体而言，系统的体育运动能够帮助青少年提高日常劳作所必需的活动能力（如走、跑、爬）和基本身体素质（如速度、力量、耐力），还可以促使他们形成良好的身形体态。

2. 提高智力

在人的工作与生活中，智力的参与十分普遍。现代科技不断发展、更新，人们的劳动逐渐从体力转化为脑力，可见智力因素在社会生产中占据着越来越重要的位置。从生理结构上讲，智力是大脑和中枢神经系统共同作用的结果，它与大脑的物质结构和机能有着密切的联系。虽然一个人大脑的物质结构无法改变，但其大脑和中枢神经系统的机能可以通过高质量的体育锻炼获得提升。因此，体育锻炼对青少年智力的提升是有一定帮助的。换言之，青少年通过不同内容的体育运动可以更加有效地促进大脑的营养物质供应，促进大脑的发育，从而达到增长智力的目的。另外，青少年在参与体育锻炼尤其是在体育竞赛中除了要施展出创造性的运动技术，往往还要分析运动场上的具体情况、观察对手、处理好与队友的关系等。在这种情况下，青少年自然而然就会产生观察和感知周围的环境和事物的能力，当然也会形成一定的敏捷思维力、良好记忆力、创造性想象力等，从而有效提升智力。

3. 发展情商

情商与智力不同，它是青少年在后天的工作和生活中习得的处理各方面事务的能力，主要包括协作配合能力、处理人际关系的能力、组织管理能力、解决问题的能力以及承受挫折的能力等。现代社会中大部分工作都是多人相互合作才能完成的，因此很多时候工作就成了人与人之间相处的社会活动，人们必须学会处理人情事理。这就要求人要有良好的情商，以促进工作的顺利开展。实际上，体育活动也是一个小的"人情"社会，即青少年在进行体育锻炼时必须与教师、伙伴、竞争对手等人产生交流。在这一过程中，青少年的体力与精力、心理承受能力、竞争与合作意识、社交能力等得到有效培养与提高，从而能够轻松应对学习、生活以及未来工作中的各种困难。

4. 调节人际关系

人在社会中生存和发展是不可能与人际交往相背离的，因为人与人之间、人与群体之间的社会网络就是通过人际交往这一纽带联结起来的。个体对人际关系的认知和处理在一定程度上是可以通过体育运动获得的。例如，篮球运动中有许多需要两三个队员协作完成的战术，如突破、联防、夹击、关门等。青少年在同一目标和思想的基础上通过沟通和实施这些战术，逐渐培养团结一心的奋斗精神。在此过程中，每一个队员必须处理好个人与集体、对手之间的关系，才能有利于获得比赛的最终胜利。现代社会中充满了竞争，一个人的竞争力是很难超越集体协作创造出来的竞争力的。因此，想要在社会竞争中抢占先机，就要借助集体竞争力，而集体竞争力的获得又少不了人际关系的正确处理。体育锻炼正是促进人际关系和谐发展的重要途径，所以青少年应加强体育训练。

5. 规范个人行为

身处社会大环境中，每个人都要遵守一些既定规则。也就是说，个人的行为要遵循一定的社会规范，受社会道德与法律的约束。因此，青少年要在平时养成良好的个人行为习惯，以适应社会对个人的行为要求。体育运动中也存在着各种各样的规则，每一个参与者只有遵从科学的训练方法和正当的竞争手段，才能有助于青少年在运动规则中养成良好的个体行为习惯，达到既强健身体又锻炼社会适应力的目标。

二、体育锻炼促进青少年体质健康改善的基本常识

体育锻炼能够有效地促进青少年体质健康的改善，但也需要注意生活方式、运动环境、持续时间、运动装备等方面的常识性问题。

（一）体育锻炼的环境问题

环境是影响健康的重要因素，也是影响锻炼效果的重要因素，因此在进行体育锻炼之前，青少年需要清楚运动环境给运动带来的利弊。

1. 空气

空气对个体新陈代谢、热代谢和气体交换都十分重要，所以人的生存是离不开空气的。空气质量严重影响人的生活。比如，新鲜空气能给人一种兴奋的感觉，有助于减轻运动疲劳、提高睡眠质量、增强代谢功能等，从而提高机体运动效率；低质量（如含有较多有害物质）空气不仅会减少空气中的氧气比例，还容易将细菌带入人体，增加呼吸道患病概率。鼻腔中的鼻毛和黏膜能够分泌出阻止灰尘和细菌的黏液，因此青少年在进行体育锻炼时应尽量使用鼻腔呼吸法，以防止尘埃通过口腔进入体内而导致健康问题。

2. 气温

人体需要保持恒定的温度才能促进新陈代谢并维持健康状态。正常情况下，外界气温对人体的影响不会很大，因为人体会根据不同的温度进行自我调整，比如通过调整新陈代谢力度和散热方式达到身体恒温的状态。一般来说，人体机能达到最佳状态是在外界气温保持在 21℃ 左右时，当然此时人体的工作效率也最高。也就是说，青少年在此时运动是最合适的。但如果外界气温超过了 35℃，人体进行体育锻炼就会为了降低温度而出现大量排汗的情况，容易导致体内严重缺水，这样体内环境就发生了剧烈变化，使身体机能快速下降，较严重时还会产生痉挛、中暑等症状。因此，青少年一定要避免在高温下进行剧烈的体育锻炼，如果在运动时发现身体机能出现问题就要立即停止训练，及时补充水分并来到阴凉处做紧急处理。冬季运动容易发生冻伤或骨折，因而青少年在此时进行体育锻炼应穿着轻便、保暖的运动服，并在运动前做一些热身运动，保证运动的安全性。

3. 阳光

阳光中含有紫外线和红外线。紫外线可以起到消毒杀菌的作用，且带有强烈的化学刺激作用。这种光可以将皮肤中的 7-脱氢胆固醇转化为维生素 D，刺激造血功能，增强抗病能力，对于预防贫血有一定的作用。红外线主要起热作用,它进入人体皮肤后,不仅有利于促进血液的循环、提高体内物质代谢功能的发挥,还有利于调节神经的兴奋性,让人产生振奋感。但是,过于强烈的阳光尤其是夏季阳光,对皮肤有伤害作用,且容易引起中暑。因此,人们在夏季进行体育锻炼时应做好防晒避暑工作,或尽量不在强烈阳光下运动。

(二)体育锻炼的时间问题

各国学者一直在讨论体育锻炼的最佳时间段,但并未取得具体的科学定论。个人的体质和闲暇时间都会影响体育锻炼时间的选择,难以统一标准,所以青少年可以按照实际情况来选择运动时间。概括而言,一天的体育锻炼时间可以分为四个阶段,并且每一个阶段的运动都有需要注意的问题。

1. 早晨

早晨是我国大多数青少年都会选择的体育锻炼时间。一般机体在经过一晚上的充分休息后,精力较为充沛,而且早晨这段时间的空气是一天中最为清爽的,所以青少年在早晨进行锻炼活动,心情会更加舒畅,精力会更加旺盛,运动效果也会更好。但是早晨运动都是餐前进行,由于运动会消耗一定的能量,所以不能过于强烈,持续时间也不能太长,否则容易导致低血糖或过度疲劳,从而影响一天的工作效率。另外,早晨锻炼一般采用中低强度、持续时间不超过 30 分钟的运动,如慢跑、韵律操、健身舞等有氧运动。

2. 上午

上午训练时,青少年可以安排一些活动量较小的体育项目,如瑜伽、步行等。吃饭前后一小时内运动容易造成肠胃系统消化功能和吸收功能失调,进而影响食欲,因此青少年应避免在这段时间安排运动项目。

3. 下午

通常,下午是城市一天中空气质量最差的时间段,所以青少年应尽量避免在这段时间进行锻炼。如果必须在下午进行运动,锻炼时应充分考虑运动场所的绿化问题,因为绿化环境较好的地方一般空气质量会优质一些。此外,下午运动结束后必须休息一段时间才能进食,否则容易引起肠胃不适。

4. 晚上

一般体育运动结束一小时内人体都处于一种兴奋状态,此时睡觉容易造成睡眠不足。因此,青少年在晚上运动结束一小时后才能上床睡觉,这样才能保证充足的睡眠和良好的健身效果。

(三)体育锻炼的生活问题

现代青少年长期处于紧张学习和熬夜状态,其机体很容易产生疲劳,进而影响学习效率及视力。这就要求大脑要进行适当的休息,具体可以采用不超过10分钟的中低强度的有氧运动进行调节,实现动静结合、劳逸结合,既保证了学习的效率,也实现了静坐少动,有利于青少年的体质健康。此外,青少年还应养成良好的生活习惯,如早睡早起、合理膳食、戒烟戒酒等。

(四)体育锻炼的装备问题

在进行户外运动锻炼时,合适的装备不但能维护运动者的健康、防止出现意外和运动损伤,而且能使运动达到事半功倍的效果。现在不同的运动项目都有专用的服装,青少年在运动时可以根据自身条件进行选择。由于夏季运动容易出汗、发热,因而青少年在训练时可以选一些吸光性弱、透气性好、吸汗性强的运动服装。冬季运动最重要的是御寒,选择保暖性良好的运动服装有利于减少冻伤。运动鞋是保护足弓和关节的重要装备,青少年运动时应选择弹性较好,符合人体工程学的运动鞋。

第二节 以促进青少年体质健康为目的的体育锻炼方法与实践

体育锻炼是体力活动的重要形式之一，也是促进青少年体质健康水平提升的重要途径。

一、青少年体质健康锻炼的原则

无规矩不成方圆。体质健康锻炼也必须遵循一定的准则才能达到理想的健身效果。这个原则是人们根据多年的训练经验总结出来的，客观地反映了体育运动的一般规律。它主要包括自觉性原则、全面锻炼原则、循序渐进原则、经常性原则、针对性原则、适宜运动负荷原则六个方面。

（一）自觉性原则

只有自愿、自觉地投入体育运动，锻炼才会起到应有的效果。通常，人们有目的地实施某一行为更能促进行为的自觉性，所以学校应先帮助青少年确定健康锻炼的动机，使他们爱上运动，提高运动自觉性，最终达成体质健康的锻炼目标。选择锻炼的青少年中，一部分是为了强身健体，一部分是为了调节紧张的学习生活，还有一部分是为了锻炼意志，等等。因此，学校要把握好这些目的，润物细无声地帮助青少年强化目标，使他们自觉、持之以恒地投入所选运动项目。

（二）全面锻炼原则

人体是大脑皮层调控下的一个有机整体，人体各器官系统的功能、各种身体素质和基本活动之间往往相互联系、相互制约。因此，青少年要选择多种锻炼内容和手段，以促进身体的全面协调发展。合理地进行全面锻炼，可以使人的身体更加匀称，各项能力相互促进，从而提高健康水平和工作效率。

（三）循序渐进原则

急于求成只会往相反的方向发展，因此体质健康锻炼的内容、策略都必须遵循循序渐进的原则，要逐步提高训练水准，不能一蹴而就。循序渐进原则其实是人体机能适应性规律、超量负荷法则和知识技能形成规律的综合要求。也就是说，体育锻炼要保持同化优势、超量负荷和价值观的标准，按照人体对运动的适应性变化，逐步增加知识技能的难度和数量。

（四）经常性原则

短时间的锻炼并不能对人体机能产生多大的影响，只有经常性地进行体育运动才能保证体质健康。人的身体随时都在发生变化，强健的身体有可能转为虚弱的状态，瘦弱的身体也可能变得强壮。这是人体进化和完善的结果，身体素质无论是好是坏，都不可能在短时间内形成。要想拥有健康的心理和强健的体魄，青少年就要坚持经常性原则，持续进行日常锻炼，并养成一定的运动习惯，促进身体各器官功能的有效发挥。

（五）针对性原则

青少年在选择运动项目时要有一定的针对性，以增强体质和提高运动能力为目标，不可盲目选择不适合自身实际情况的项目，否则既达不到想要的锻炼效果，又浪费了训练时间。例如，个子较矮的青少年应避免选择篮球、排球等运动项目，而以对身高要求较低的乒乓球、举重、射击等为首选项目。

（六）适宜运动负荷原则

一个人的运动负荷因性别、年龄、体质、训练基础等不同而存在一定的差异。青少年时期最佳的运动负荷应该既不影响学习、生活，又适应身体的承受能力。不同大小的运动负荷对身体的作用有所不同，如较大的负荷会导致身体受到损害，而较小的负荷对身体又起不到作用。因此，青少年要选择适度的运动负荷，这样才能达到增强体质、促进健康的最终目的。

二、青少年体质健康锻炼的内容

青少年体质健康锻炼的内容指的是有利于促进体质健康的各种训练动作，这些动作丰富多样，但可以依据不同目标进行划分，具体如下。

（一）健身类锻炼

专门针对身体体能进行训练的运动称为健身类锻炼。这类运动在日常生活中最为普遍，主要类型有舞蹈、骑自行车、游泳、划船等。

（二）健美类锻炼

健美类锻炼除了有促进健康的作用，还能为青少年塑造良好的身形，使他们的外形更加美观。这类运动讲究形体美、气色美和动作美，一般采用体操、舞蹈、瑜伽等进行训练。

（三）娱乐类锻炼

青少年常在闲暇时间进行一些带有娱乐性质的爬山、郊游、台球等运动，这样不仅可以充实余暇时间，还可以丰富文化生活。这些娱乐性的锻炼对于个体的体质健康尤其是心理健康有很好的促进作用。在活动过程中，青少年能抛开生活中的各种烦恼，将身心投入其中，既锻炼了身体又愉悦了身心。

（四）医疗、矫正和康复类锻炼

医疗、矫正和康复类锻炼针对的是一些患病或身体有一定缺陷的青少年，主要用于恢复个体器官的功能，促进病体转为健康状态。但是，这种运动需要在专业的医生或体育教师的指导下进行，否则不但不能达到祛病健身的效果反而容易造成身体的多重伤害。常用的锻炼内容有步行、跑步、打太极拳与按摩等，或有选编成套的动作，如眼保健操。

（五）自然力类锻炼

自然力类锻炼主要是指依靠特殊的自然环境来改善身体机能的一种运动方式，它有利于提高机体对各种环境的适应能力。这种运动不需要消耗多少机体能量就能达到愉悦身心的效果，是青少年乐于接受的一种锻炼方法，主要有日光浴、空气浴、冷水浴、森林浴、海水浴、风浴、雨浴、雪浴、沙浴和矿泉水浴等。

三、青少年体质健康锻炼的基本方法

青少年体质健康锻炼的基本方法具体如下。

（一）重复锻炼法

重复锻炼法就是重复练习同一个动作，有利于帮助青少年熟悉相关动作。这种方法是非常枯燥乏味的，因此青少年在训练过程中需要有坚强的意志力来克服这种重复动作带来的单调感。可见，坚持使用重复锻炼法不仅可以提高身体素质，还可以磨炼出强大的意志。运用此法产生的效果会因重复的次数而存在一定的差异。通常，重复次数与它给身体施加的负荷量成正比，也就是说，越多的重复次数会给人体带来越大的负荷量。但是，人的身体的承载负荷量是有限的，如果超越了极限，就会出现机体损害，呈现出不健康的状态。因此，重复锻炼法必须重视动作的重复次数，既不能过多也不能过少。

（二）循环锻炼法

循环锻炼法与重复锻炼法有点类似，但循环锻炼法是将几个不同的练习动作组合起来形成一个训练组，运用时按照一定的顺序进行训练组的循环练习。这种方法通常采用的动作负荷都较轻，因而对技能的要求也较低，其侧重点主要落在简单、有趣上，所以一般适用于初级阶段的青少年。另外，体质健康是涵盖身体各方面的健康，所以循环锻炼法在搭配运动项目时应考虑周全，尽量把涉及身体各部位的练习动作加入其中。

（三）连续与间歇锻炼法

连续锻炼容易造成运动强度超负荷而引起身体各机能失衡，所以青少年在锻炼时要采取连续与间歇相结合的运动方法，以取得良好的训练效果。连续与间歇锻炼法要求按需运动，即该连续运动时就继续坚持锻炼，该间歇运动时就休息一下。一般来说，一个运动项目的锻炼过程依次为连续、间歇和重复，它们在整个运动中有不同的作用。其中，连续和重复可以使运动施予身体的负荷维持在一定的范围，让身体充分感受到运动的力量；间歇可以使运动量保持在人体所能承受的范围内，以免超负荷的运动量有损身体健康。因此，体质健康锻炼要采用连续与间歇相结合的锻炼方法，在连续中有间歇，在间歇中有连续，运用合理的动作进行运动，科学地增强体质。

（四）竞赛锻炼法

据调查，人类天生就有很强的表现欲和竞争欲。据此，学校结合现代运动的比赛规则和适应原理提出了竞赛锻炼法。这是一种模拟比赛的锻炼方法，必须严格遵守比赛规则和方式，有利于提高青少年参与健康锻炼的活跃度和运动纪律性。另外，竞赛锻炼法还有助于发展青少年的身体素质，调节心理平衡和增强竞争意识。竞争意识可以激发青少年的积极性。在比赛过程中，青少年可以通过相互交流经验来更全面地提高自己的比赛战术，同时可以通过坚持不懈的运动训练来培养艰苦奋斗、百折不挠的精神。

（五）变换锻炼法

变换锻炼法是在体育训练过程中通过适时变换运动负荷、改变运动内容、变更运动环境等措施调节生理负荷、提高兴奋性的一种锻炼方法。这种方法不仅可以提高中枢神经系统的灵活性，还可以消除运动疲劳和不良情绪。

（六）游戏锻炼法

一般的体育锻炼都是单调、枯燥的，很难激起青少年的运动兴趣，所以学校需要运用一些具有游戏特性的锻炼方法来进行训练，让青少年在愉快的游戏中运动，促进他们的身心愉悦和健康成长。一项游戏运动不可能适合所有青少年，所以学校应在具体的实践活动中按照学生的具体情况和体育教学的实际内容做出恰当的改变，使学生不仅能轻松地进行体质健康锻炼，还能愉快地学习体育知识与技能。

四、促进青少年体质提升的运动实践

（一）健身走

健身走是一种安全、简单、实用的健身运动，不需要特定的场地，没有昂贵的花费，适合各种人群进行体育锻炼。美国运动医学会提出，成年人平均每天步行累计总数不少于1万步就能基本保证身体形态指标符合健康要求。健身走能够促进青少年智力开发、改善心脏功能、增强免疫力、预防疾病、增加骨强度、提高运动能力、促进心理健康、消除疲劳、减少体脂含量。它的方法主要有散步、踏步走、快步走、倒步走等。

1. 散步走

散步走是一种非常容易的健身走项目，但要注意保持轻松、自然的姿势才能有良好的锻炼效果。散步时，青少年的身体处于放松状态，对缓解学习压力和改善不良情绪具有积极意义。这种锻炼主要分为四种：一是正常行走法，一般每分钟行走60～90步，并坚持20～40分钟；二是摆动臂行走法，速度与正常行走无异，但需要将手臂向前后做出较大幅度的摇摆动作；三是快速行走法，即加快步行速度，通常每分钟行走90～120步，并连续训练30～60分钟；四是臂回法，行走时双手后背，先往后慢走50步，再往前走1步，继续往后慢走50步，重复运动5～10次。①

---

① 涂春景. 体质健康理论与实践研究 [M]. 长春：吉林人民出版社，2017：164.

2. 踏步走

踏步走主要是原地行走或者稍微向前移动行走的特殊步法。青少年在踏步走的时候需要保持身体的挺直，双手自然下垂放松，也可以自然曲臂。踏步走时双腿轮换着抬腿、屈膝、前脚掌落地的动作，双手、双臂随着腿的动作前后摆动。双腿屈膝时抬腿的高度要与髋齐平，落地的动作要轻柔而平缓。踏步走运动对提高下肢力量和增强腰部、腹部肌肉的力量很有好处，还可以提高青少年内脏系统的技能。青少年在进行踏步训练时需要注意以下基本要点：

①踏步走时两腿轮换的频率一般为每腿 35～45 次/分钟，但是不同的人轮换的频率不同，要因人而异。[①]青少年在进行踏步运动时要根据自身状况选择频率，并且要在练习中提高抬腿的高度，增强两腿轮换的频率。

②踏步走时脚落地最好先前脚掌着地，然后脚跟着地，注意将身体重量落在前脚掌上。

③时间充裕的青少年可以每天早晚都进行原地踏步走的锻炼。早晚踏步走可以采用不同的形式，如踏步 4 拍一转体、按音乐节拍踏步、闭眼原地踏步、有氧台阶踏步、有氧踏板等。

④青少年在踏步时可以用脉搏控制运动负荷，并且要根据自身情况将脉搏控制在合适的范围内。通常情况下，普通练习者踏步走脉搏达到 120～150 次/分钟即可达到健身最佳效果。[②]

⑤一些青少年想要通过运动达到减肥的目的，在采用踏步走时可以不断练习变速原地高抬腿踏步动作。当然，这种方法只能在适量练习的基础上奏效，否则会适得其反。

3. 快步走

快步走是一种步幅适中或稍大、步速较快、运动负荷稍大的健身走方法。在青少年快步走的时候，双臂的摆动要和双腿的抬起落下密切配合，双臂抬起的高度不宜超过胸部，双臂摆动的幅度要自然，摆动的快慢要适

---

①② 朱云，张巍，胡琳. 休闲体育文化之运动训练教程[M]. 北京：中国书籍出版社，2017：265.

应于双腿运动的速度。当开始加快双腿运动的速度时，要保持步幅的稳定，保持动作的柔和稳定。快步走锻炼经济实惠、简单易行，但由于运动时节奏略快，比较激烈，因此更适合有一定锻炼基础的人群。

4. 倒步走

倒步走就是倒退着走，这种步法可以增强大腿和背部这两个部分的肌肉的力量，对保持小脑的健康也很有好处，同时也有助于增强身体的柔韧性和协调性。倒步走应每天早晚各 1 次，每次 20～30 分钟，且要循序渐进。倒步走时，人对空间的知觉能力会下降，以致容易摔倒，所以步速要放慢，步伐要稳，两眼要平视后下方以掌握方向。为了安全，青少年在倒步走时最好用前脚掌擦地交替后退或采取结伴而行的方法，还可以选择没有障碍物的平坦而开阔的地方。

（二）乒乓球运动

乒乓球这项运动最先出现在英国，19 世纪末至 20 世纪初的时候由英国传入欧洲其他国家。网球运动深刻地影响着乒乓球的起源与诞生，从乒乓球的英文名称 Table Tennis 的词汇组成也可以清晰地感知到乒乓球与网球的渊源（Table Tennis 可以直译桌上网球）。19 世纪后叶，英国的大学生在借鉴网球的运动形式和运动规则的基础上，创造了一个桌上室内球类游戏，这就是乒乓球的前身。英国人詹姆斯·吉布将用"赛璐珞"材质做成的空心小球应用在上述的室内桌球上，这种空心小球的弹性很好，它就是乒乓球的前身。赛璐珞球逐步取代了橡胶球，并由英国传入欧洲各国，乃至全世界。乒乓球这一名词来源于乒乓球撞击桌面所产生的声音近似于"pin pan"。乒乓球最初是欧洲宫廷贵族之间的游戏，在其传入世界的同时也走向了民间，成为人民群众喜闻乐见的运动形式之一。

乒乓球设备简单，不受年龄、性别限制，运动量可大可小，因而深受青少年喜爱。它对视觉的敏锐性、神经系统的灵活性以及身体各方面的素质有着很大的锻炼价值。其基本技术动作主要有以下三种：

1. 乒乓球的握拍方法

乒乓球的握拍方法包括横拍和直拍两种握法,一般来说,国外横拍较多,国内直拍较多。

(1) 直拍握法

不论是正手攻球、反手攻球还是退档都是用球拍的同一拍面击球,不需要两面轮换。因此,直拍握法效率较高,出手快,动作灵活,击球有力,发球动作多变,对手预判困难。

①近台快攻握拍法。近台快攻握拍法是我国比较常见的经典握拍方法,也被称为中钳式握法。持拍者食指和拇指握拍,拍柄压住虎口,中指弯曲紧贴拍背上1/3处。这种握拍方法适合近台快攻型选手。

②弧圈球握法。持拍者用食指圈住球拍的柄部,拇指紧贴球拍柄部左边,两个手指圈成一个环状,中指、无名指、小指自然伸直,接触并顶住拍子背面中部,这种握拍法比较适合打弧圈球的人。

③直拍削球握法。拇指弯曲贴于拍柄左侧,拇指第一指节用力下压,食指、中指、无名指、小指自然伸直托住球拍背面,正反手削球时可以通过手臂的转动调节拍形,这种握拍方式削球的照顾面较大。

(2) 横拍握法

横拍握法包括浅握和深握两种。拇指从正面压住拍柄,食指自然伸直斜向贴于拍的背面,虎口掌面轻微贴拍肩,其余三指弯曲紧握拍柄,中指在拍的正面与中指相贴。浅握法也叫利反手握法,拇指上移,这样反手更稳,食指回收,防止触球。深握法也叫利正手握法,拇指下移握住拍柄,食指上移,正手击球的时候拍子会比较稳定

2. 乒乓球的准备姿势

准备姿势就是在进行乒乓球运动时的姿势,主要分为上肢、躯干和下肢的姿势。

(1) 乒乓球的上肢准备姿势

在开始乒乓球运动之前要做好准备姿势,要求上肢两肩自然放松,不得耸肩,也不得刻意沉肩,双肩保持同等高度,持拍手臂自然弯曲,手腕

放松，球拍置于腹部右前方，拍头指向右斜前方，球拍距离身体 30～35 厘米，两眼注视来球。拍子直握时，肘部略向外张；横握拍的肘部向下，前臂自然平举。

（2）乒乓球的躯干准备姿势

在乒乓球运动的准备阶段，人的躯干上部应适度前倾，并含胸收腹，身体不要因太过紧张而站得太直，也不能过于放松挺出腹部，要做到放松但不紧张，保持好良好的精神状态，以便随时出击。

（3）乒乓球的下肢准备姿势

乒乓球运动要求两脚分开站立，与肩同宽或稍稍宽于肩部，前脚掌着地，双膝微微弯曲，重心保持在两脚之间，脚趾轻微用力，脚跟稍稍提起，发力时以脚内侧蹬地。

3. 乒乓球的步法技术

（1）乒乓球的单步技术

单步具有"简""小"两个特点。"简"指的是动作简单，"小"指的是移动的范围小。单步的具体实践如下：将一只脚的前脚掌作为旋转的轴线，另一只脚做向前、向后、向左、向右四个方向的移动，每个方向各移动一步。

（2）乒乓球跨步技术

跨步一般是在球速较快，而自己离球较远，一般超过一步以外距离的时候使用。移动时，来球方向的异侧腿用力蹬地，身体快速向来球方向移动，另一腿落地支撑。跨步是三种基本步法中移动范围最大的快速移动技术，一般是在需要快速回击或时间来不及的情况下使用。若时间充裕，一般采用并步效果会更好。

（3）乒乓球并步技术

并步也叫滑步，在双方相持的情况下，运动员大部分时间都是在并步移动对抗。因此，并步技术是乒乓球比赛中最重要，也是最常用的步法。首先，来球相反方向的脚先发力启动，向来球方向并一小步；然后，另一脚快速启动向来球方向跨出一步，完成并步。移动过程中两只脚几乎不离开地面，只是一个非常短暂地向来球方向滑行的动作。

（三）健美操锻炼

健美操是在氧气充裕的环境下进行的锻炼项目，其能调动全身各个部位，通过连续的、有节奏的肢体动作达到运动效果。它有利于训练青少年的有氧耐力，促进他们心肺功能的协调发展。健美操锻炼安全性比较高，非常适合青少年群体。健美操锻炼的基本动作通常较多，主要分为上肢动作、躯干动作和下肢动作。

1. 上肢动作

健美操的上肢动作丰富，且难度各异，动作越复杂、变化越多则难度越大、强度越大，当然此时的观赏价值也越高。

（1）基本手型

手型在健美操中主要起观赏和装饰作用，健美操的最终目的是健身，因而对于手型要求不高，保持基本手型正确即可。

（2）手臂动作

手臂动作是整个上肢动作的重点，手臂动作幅度大，它能将舞者的身体姿态和健美操的风格显现出来，因此，在练习健美操时要重点关注手臂动作，锻炼手臂力量。健美操中常见的手臂动作有屈伸、举、摆、绕、振、绕环等。

2. 躯干动作

躯干动作主要起稳定身体的作用，因此青少年在练习健美操时要注意提高自身的肌肉力量和身体平衡性。不同部位的动作要点不同，此处一一分析如下。

（1）头颈部锻炼

头颈部是人体最重要的组成部分。健美操能起到锻炼头颈部的作用，有助于收紧头颈间的肌肉、增强头颈部的灵活性，头颈部锻炼还能加速脑部血液循环，对一些颈部疾病有预防作用。头部动作的方向主要是前、后、左、右四个方向，基本动作包括屈、转、绕、绕环。头颈部锻炼强度应适中，且锻炼过程中要控制好力度和速度，给颈部肌肉充足的拉伸与放松的时间。头颈部锻炼的方法主要有头颈左右屈、头颈前后屈、头颈转、头颈训练和负重法五种。

（2）胸部锻炼

健美操胸部锻炼的方法主要有以下四种：

①含展胸。面对椅背而坐，双手扶椅背，先收腹、含胸、低头（此时身体尽量向后拉），然后身体靠向椅背，挺胸、抬头（此时胸部和腹部尽量贴近椅背）。以上动作重复做 10 个左右。

②左右移胸。在做左右移胸这一动作时，双手叉腰，胸部向左右平行移动。

③仰卧胸部。仰卧在床上，以肘关节为支撑点，胸部尽量向向上挺，同时做深吸气、胸部复原、深呼气动作，如此反复 20 下。

④跪立挺胸。跪在床上，两手扶床，胸部尽量向前挺，同时做吸气、胸部复原、呼气动作。

（3）肩部锻炼

肩部锻炼包括提肩、沉肩、绕肩和肩绕环等动作。提肩是指肩胛骨做向上的运动；沉肩是指肩胛骨做向下的运动；绕肩是指以肩关节为轴做小于 360°的运动；肩绕环则是指以肩关节为轴做 360°的圆形运动。

（4）背部锻炼

背部肌肉主要有背阔肌、斜方肌、菱形肌和大圆肌、小圆肌，其收缩时，可使肩关节外展、下沉。健美操中背部锻炼的方法主要有外展和上举下拉两种：外展就是屈臂或直臂做外展动作，通常与臂的内收结合进行；上举下拉则是两臂由侧上举下拉至髋侧。

（5）髋部锻炼

健美操髋部动作的练习方法主要有以下四种：

①提髋。提髋是指将两脚自然分开，并与肩同宽，两臂自然下垂。

②顶髋。顶髋是指一侧腿支撑并伸直，另一侧腿屈膝内扣，上体保持正直，用力将髋部顶出。锻炼时要注意两脚和两臂处于自然状态，动作幅度要大。

③摆髋。摆髋是指两腿微屈并拢，两臂自然下垂，髋部向左、右摆动，并配以一定的腰部动作。

④绕髋和髋绕环。绕髋和髋绕环是两脚自然分开与肩同宽，两臂侧举。

3. 下肢动作

健美操的下肢动作姿态主要体现在其基本步伐上。以动作力度为参考依据，可以将下肢动作分为无冲击型、低冲击型和高冲击型三种。无冲击型的下肢动作双脚始终落在地面上，没有强度较大的腾空跳跃动作，重心始终稳定保持在两脚间。低冲击型下肢动作是指一只脚接触地面的动作，速度相对较慢，如"一"字步、"V"字步、三步抬膝、恰恰步等。高冲击型下肢动作是指在做动作时两脚都离地的动作，即平常所说的跳类动作，如迈步跳起、单腿起跳、钟摆跳等。

第三节 青少年进行体育锻炼的保健问题

随着社会的不断发展及社会环境的变化，社会各界对青少年体质健康方面给予了越来越多的关注，体育锻炼也越来越受重视。在实践过程中，科学的体育锻炼能够给青少年带来诸多益处，但一些盲目的体育锻炼也会给他们带来过度疲劳、健康风险和运动损伤风险。这就要求体育科研者在研究体育锻炼促进青少年体质健康的机制时，必须要探索保证体育锻炼安全性的措施。

一、青少年体育锻炼的疲劳与恢复

运动性疲劳是指青少年在体育锻炼过程中因强度过大、时间过长或频率过高而发生身体工作能力下降的现象。这种疲劳又容易导致失眠、脾胃功能失调、肾气不足等问题。因此，如何尽快消除疲劳，不断提高运动机能水平，防止过度疲劳发生，应是青少年体育锻炼中亟待解决的问题。当然，青少年在掌握运动性疲劳恢复措施之前，需要先了解其产生原因和判断方法，从而"对症下药"，最终消除疲劳。

（一）运动性疲劳产生的原因

有关运动性疲劳产生原因的说法有很多，下面简单介绍几种认可度较高的学说。

1. 中枢神经失调学说

中枢神经失调学说认为，人体连续从事强负荷的运动，氧气供应不足，进入神经组织的氧越少，神经组织的兴奋性就越低。这样不仅破坏了大脑皮层的兴奋与抑制之间的平衡，出现兴奋过分或抑制过度的情况，还导致了人体各器官、系统的功能紊乱，打破了人体原有的动作习惯。[①]

2. "衰竭"学说

"衰竭"学说认为，人体运动时，糖、脂类、蛋白质、ATP、CP等肌肉能源物质消耗巨大，体内能源物质严重缺乏，肌肉无法获得充足的能量，不能有效维持机械运动，表现为工作能力下降，不能维持原来的运动强度，即称之为疲劳。此外，运动方式不同、运动强度不同、运动的持续时间不同，表现出的疲劳程度也不同。

3. 突变理论学说

在突变理论学说中，运动时身体的多个因素都会发生变化并互相产生作用，从而出现机体疲劳。通常情况下，人体在运动时会消耗大批能量物质，同时降低肌肉力量，因而机体的兴奋性和活动性就会下降。当这些因素变化到一定程度时，机体为了免于衰竭便会表现出运动性疲劳现象。

4. "堵塞"学说

从"堵塞"学说的观点来看，运动性疲劳是由于运动使人体的能量代谢更为活跃，进而产生了大量无法及时消除的代谢堆积物，从而降低了

---

① 孙月舟，胡长居编. 篮球训练与规则 [M]. 成都：电子科技大学出版社，2017：142.

肌肉的工作能力。当然，代谢物的堆积和物质本身也有很大的关系。在人体进行中距离或长距离项目的运动中，由于氧气的摄入不能满足机体的需要，机体会启动无氧酵解供能。无氧酵解是指糖在不需要氧气的情况下，释放能量合成 ATP，提供骨骼肌所需的能源。但无氧酵解会产生乳酸，乳酸是酸性物质，会导致人体内排 pH 值的下降，影响内环境的相对稳定。pH 值的下降，会使中枢产生疲劳感，肌肉不能维持高强度运动，表现为工作能力下降。[1]

（二）运动性疲劳的判断方法

青少年参加体育运动会产生疲劳，通过主动或被动的休息，疲劳会得到消除，在此过程中，身体的机能水平会得到提高，甚至出现超量恢复。因此，体育锻炼或者运动训练能促进青少年体质改善、提高其运动能力，实际上是"运动—疲劳—恢复—超量恢复—再运动—再疲劳—再恢复—再超量恢复"不断良性循环的过程。也可以说，没有疲劳就没有训练，也就没有提高。但是，疲劳也不能积累过多，过度疲劳不仅会降低运动能力，损害免疫功能，还会对健康不利。因此，如何识别并采用积极的方法尽快消除疲劳，促进超量恢复就显得尤为重要。一般来说，青少年可以利用一些简单的主观感觉和客观指标来判断自己是否处于疲劳状态。

1. 通过主观感觉判断疲劳程度

运动适当的表现：在运动过程中，青少年全身无不良反应、情绪良好。运动后，由于能量消耗较多，微觉疲劳，食欲正常或比平时稍有增加；无不良反应；情绪良好；睡眠比平时更好，表现为入睡快、睡得香，觉醒之后感觉情神饱满。主观感觉 RPE 等级（本体感觉运动强度等级）在 13 级以下。

运动过量、身体不能承受或身体出现严重疲劳的表现：运动过程中，有肌肉酸痛、胸闷、胸痛、恶心呕吐、全身乏力等一种或多重不良反应，情绪不良。运动后，由于能量消耗过多，且身体无法承受，出现严重疲劳

---

[1] 孙丽娜. 大学生体育与健康研究 [M]. 北京：煤炭工业出版社，2017：75.

感，食欲不振或厌食；肌肉酸痛、全身无力；情绪不良，感情淡漠；注意力不能集中；睡眠差，表现为入睡慢、失眠、多梦，觉醒之后感觉疲惫不能恢复。主观感觉 RPE 等级在 14 级以上。

2. 利用客观指标判断疲劳程度

除了主观感觉之外，有时也可通过测定某些生理生化指标（如肌力、心率、血压、皮肤空间阈等）来作为判断疲劳程度的依据。

（1）心率

基础心率：基础状态下所测得的心率，往往用晨脉表示。如果大负荷运动后第二天晨脉增加 10 次 / 分以上，若无其他原因，则认为机体出现疲劳；如果连续几天持续增加，则表明疲劳累积，应调整运动负荷。

运动中心率：从事相同的运动负荷，运动中心率增加，则表示身体机能状况不佳。

运动后心率：运动后，经过一段时间的休息，心率可以恢复到运动前状态。身体疲劳程度较深时，心血管系统机能下降，可使运动后心率恢复时间延长，可以此作为诊断疲劳程度的标准。

（2）血压

清晨安静血压：身体机能良好时，清晨安静血压较为稳定。若安静血压比平时高 20% 且持续两天以上不恢复，则说明身体机能下降，疲劳产生。

运动状态下血压：如果运动时脉压差增加的程度比平时减少，出现无力反应，表明产生中度或重度疲劳。如果出现"无休止音"或梯形反应，表明已产生过度疲劳。

（3）肌肉力量

肌肉力量下降是运动性疲劳发生的显著特征。运动后肌力量显著降低，而且恢复较慢甚至不能恢复，表明疲劳发生。在评定疲劳时，应根据参与工作的主要肌肉群确定测试内容。

（4）肌电图（EMG）

将肌肉兴奋时所产生的电变化记录下来，即为肌电图（EMG），可反映肌肉的兴奋、收缩程度。通过肌电图可以反映肌肉是否疲劳。肌肉严重疲劳时，频率下降，电机械延迟、延长，积分肌电和均方根振幅增大。

（5）皮肤空间阈

人体能够辨别皮肤两点间的最小距离，称之为皮肤空间阈。运动后，皮肤空间阈（两点阈）较安静时增加 1.5～2 倍为轻度疲劳，增加 2 倍以上为重度疲劳。

（三）运动性疲劳的消除手段

消除运动性疲劳的手段很多，包括积极性休息、整理活动、睡眠、温水浴、桑拿浴、按摩、理疗、吸氧、营养补给、药物补给、心理恢复和大笑等。

1. 积极性休息

青少年在大强度或长时间运动后，可以适当做一些轻微的身体活动，如散步、慢跑、拉伸、瑜伽等，这样可以减轻肌肉紧张，促进血液循环，增加肌肉血流量，有助于代谢产物的清除，消除疲劳的效果比单纯的睡觉或静躺更佳。

2. 整理活动

在运动过程中，局部循环障碍容易影响代谢过程，因此训练后通常要做一些能令肌肉放松的整理活动。整理活动一般有四肢放松摆动、伸展练习等。运动时尤其是剧烈运动时，人体各器官功能明显下降，并因耗氧量过大而欠下氧债，此时如果进行一些整理活动，不仅可以促进血液循环，偿还训练过程中欠的氧债，还可以缓解肌肉紧张、僵硬的状态，进而减轻疲劳，有利于运动损伤的预防。

3. 睡眠

良好的睡眠对恢复体力和消除疲劳都有积极作用。这是因为在人体睡眠时大脑的兴奋度很低，体内的合成代谢活动开始活跃起来，努力蓄积着能量以弥补运动时消耗的能源。可以说，睡眠下的机体器官运动很少，几乎处于休息状态。因此，充足的睡眠是青少年体质健康锻炼的基本条件。

一般来说，成年运动员在训练期间应保证 8～9 小时的夜晚睡眠，而青少年运动员的夜晚睡眠时间较长于成年运动员的夜晚睡眠时间，一般需要 10 小时。假如上下午都要练习，那么 1.5～2 小时的午睡时间也是必要的。大脑皮质细胞比较脆弱，如果长时间不休息就会因过度消耗而有所损坏，进而影响人体机能的正常发展，而睡眠恰好有保护大脑皮质细胞的作用。总之，青少年在运动期间要保证足够长的睡眠时间，尽快消除疲劳，为后续的训练做足准备。

4. 温水浴

温水浴其实就是用温水进行淋浴，促进血液循环和新陈代谢，加速体内营养物质的输送和废弃物质的排出，这是一种特别简单的消除疲劳法。采用温水浴时应将水温控制在 40℃～44℃，时间设定在 10～20 分钟即可。训练结束半小时后，还可进行冷热水浴。具体来说，冷水温度为 15℃，热水温度为 40℃。一般冷水淋浴 1 分钟，热水淋浴 2 分钟，冷热水交替沐浴 3 次。

5. 桑拿浴

桑拿浴能够帮助人体排除大量积聚的汗液，有利于摔跤、举重等运动员在赛前进行减重。此外，它还有镇静、使肌肉和关节组织充血的作用。桑拿浴的方法具体为：先在 54℃～71℃ 环境中，停留 10～20 分钟。再在 70℃～80℃ 环境中，停留 5～7 分钟。这样反复 4～5 次。每次间隔时间用冷水淋浴 10～15 秒钟或用温水淋浴 2.5～3 分钟。结束后在更衣室内休息 5～7 分钟即可。

6. 按摩

按摩是一种简单易行的保健方法，是放松和帮助人体恢复的常用手段，主要目的是促进身体和肌肉进入放松状态，改善循环和扩张血管，消除代谢产物，当然还有止痛和镇定的作用。青少年在进行大量的体育锻炼后可进行自我按摩或相互按摩，这对于消除疲劳和恢复体力是非常有益的。此法有利于神经系统调节功能的增强，在此基础上改善呼吸系统的机能，提高运动系统的吸收和排泄功能，最终达到快速消除疲劳的目的。另外，按摩具有舒筋活血的效果，它能有效减缓运动后肌肉的紧张感，加快按摩部位的血液流动速度。总之，按摩能增强心血管系统、呼吸系统、神经系统、运动系统等器官机能的活跃性，因而可以较快地减轻运动性疲劳感。

7. 理疗

理疗主要是借用光、电等能源机体的局部或整体做物理治疗的一种运动性疲劳消除方法。它不仅有利于血液的循环和机体能量的恢复，还有利于一些较小运动损伤的治疗。

8. 吸氧

青少年在进行体育锻炼（尤其是拳击、摔跤、柔道等运动）后，常会因训练或比赛强度过大而出现极度疲惫、头疼、头晕、肌肉酸痛、体内酸碱比例失衡等较严重现象，此时普通的手段并不能起到良好的作用。因此，有必要借助高压氧来补充因运动而失去的血氧量，减少血液中二氧化碳的含量，提高体内 pH 值，改善睡眠质量，加速疲劳的消除。另外，负氧离子也被用来消除疲劳，具有提高背肌肌力、改善心肺功能、提高血红蛋白浓度等作用。

9. 补充营养

营养指的是一些能源物质。大量运动会消耗许多能源物质，造成机体疲劳、体力下降等问题，所以青少年在锻炼过后必须及时补充适量营养。这些营养包括糖、脂类、蛋白质、水、维生素、钠、钾、钙、铁等。

10. 药物补给

除了物理上的方法，适当的药物补给也是青少年运动后消除疲劳的一种有效方法。例如，中药黄芪、刺五加、三七等，都有调整中枢神经系统、扩张冠状动脉、补气壮筋等作用，对消除疲劳有一定的效果。蜂王浆、人参、鹿茸等对养血补气效果较好。

11. 心理恢复

疲劳的心理恢复是指通过心理学的方法和手段对疲劳者进行干预，调节其中枢神经系统机能来消除疲劳的一种方法。青少年在剧烈运动后，进行适当的放松训练、意念练习、气功练习、心理咨询、参加音乐会、看电影、看演出等，能够起到调整心态的作用，使他们心情愉悦、放松身心，从而达到减缓疲劳的目的。在体质健康锻炼过程中，青少年需要面对各种各样的困难，因此容易出现较大的情绪波动，在心理上体现为不稳定的状态，这种状态就是人们常说的"心理疲劳"。研究发现，一个人抵御心理疲劳的能力是与其个性、态度和心理素质紧密相关的。例如，当青少年以积极向上的态度进行训练时，其心理疲劳发生的时间就会延迟。此外，意志力在体育锻炼尤其是中长跑运动中具有重要作用，因为只有顽强的毅力才能支撑青少年无痛苦地完成漫长的跑步运动。因此，青少年应努力培养坚强的意志力，以克服在运动中因疲劳而产生的不良情绪。同时，青少年还可采用淋浴、自我暗示、建立正确表象、娱乐等转移注意力的方法，冷静地对待心理疲劳，以求尽快恢复正常。

12. 大笑

笑能够增加肺的呼吸量，清洁呼吸道，使肌肉放松，散发出多余的精力，消除神经紧张，从而驱散愁闷和锻炼后的疲劳。因此，青少年在进行体育锻炼后，可以放开喉咙开怀大笑，以减轻各种精神压力。

二、青少年体育锻炼的营养补给

体育锻炼会让身体内分泌机能提高，促进新陈代谢。运动时，身体对能量的消耗是日常生活的数倍，身体中的糖分和脂肪会分解成运动所需的能力，蛋白质消耗加快，运动流汗还会带走身体内的维生素和无机盐等。运动消耗大，使得身体对各类营养物质的需求量也不断增大。简言之，运动会消耗大量营养，因此在运动结束后要通过饮食补充丧失的营养。若锻炼后不及时补充营养，身体一直处于消耗而无法补充的状态，久而久之就会产生疲惫、无力等感觉，运动能力会下降，体质也不会提高。因此，要保障运动锻炼的效果就要合理补充营养。

合理营养补给与体育锻炼是维持和促进青少年体质健康的两个重要条件。因此，学校要为青少年建立科学、合理的营养基础，以体育锻炼为手段，用锻炼的消耗过程换取锻炼后的超量恢复过程，使机体积聚更多的能源物质，提高各器官系统的机能。经过运动锻炼和营养补充，身体机能得到提高，外部运动让身体素质加强，饮食提供的营养在内部为身体健康提供源源不断的能量，此时的健康较之单纯依靠饮食获得的健康是完全不同的。

（一）不同运动项目对合理营养的需求

体育锻炼项目不同，产生的消耗也有一定的区别，因而对营养的需求也各不相同，下文选取几个常见运动对营养的需求展开讨论。

1. 跑步的营养需求

短跑是青少年运动的常规项目，特点是运动时间短、运动强度大，追求一瞬间的爆发力，是基于个体力量素质的训练项目。爆发力需要肌肉支撑，因此在短跑后要及时补充蛋白质，提高肌肉质量。此外，短跑对糖分和磷的消耗也很大，这两种元素主要是为脑部提供养分，对于提高神经敏感度、控制力和传递速度等都十分有益。因此，膳食中要增加富含磷和糖分的食物。

长跑与短跑不同，它不追求爆发力，而是考验人的有氧耐力，对青少年的心肺功能要求较高。长跑强度虽小但由于耗时较长，因而对体力消耗很大，在饮食安排方面要全面补充各种养分，尤其是维生素和矿物质，如铁、钙、钠、维生素C等，这些都有助于增加机体能源物质的储备。

2. 操类项目的营养需求

操类运动包括常见的艺术体操、竞技体操等，特点是运动技巧复杂，要求运动者平衡力量与速度，有较好的灵巧度和平衡性。操类运动要保持相对匀称的体态，因此饮食摄入要求是高蛋白、低脂肪，在维生素、矿物质中应突出铁、钙、磷、维生素B_1和维生素C的含量。虽然操类运动对青少年的体重有一定的要求,但并不意味着要过分控制饮食,完全避免脂肪摄入,这样既不利于维持健康的身体,也不利于青少年的正常生长发育,饮食要保持营养均衡,控制饮食要基于健康的前提。

3. 球类项目的营养需求

球类项目对力量、速度、耐力、灵敏、柔韧等素质有较高的要求。膳食中要含丰富的蛋白质、糖、维生素 B_1、维生素 C、维生素 E、维生素 A 等。球的体积越小,食物中维生素 A 的含量应更高。此外,足球、排球等户外球类运动容易造成矿物质和水分流失,因此在运动时要及时补充。

4. 游泳项目的营养需求

游泳项目需要在水中进行,因此身体散热快,热量流失多,尤其是冬泳,对热量的消耗极大。游泳是对人体力量和耐力的考验,在饮食中要注重补充蛋白质、糖分和适量脂肪,这些成分能为身体提供热量,维持运动状态。如果是冬泳,由于水温较低,身体要抵御寒冷就需要更多脂肪,此时要增加脂肪摄入量,并适当增加维生素和矿物质的摄入量。

5. 棋牌类项目的营养需求

棋牌类项目不同于以上体育项目,主要是脑力运动,依靠血糖维持脑细胞活动,若血糖降低则脑耗氧量下降,会使人反应速度变慢,还会产生头晕等不适症状。因此,棋牌类运动关键是补充糖类,在运动过程中也可随时补充,如随身携带糖果、巧克力等。此外,膳食中需增加蛋白质和维生素 B_1、维生素 C、维生素 E、维生素 A 的供给,提高卵磷脂、钙磷铁的含量。需要注意的是,为了降低机体耗氧,保证脑组织的氧供应,膳食中应减少脂肪的摄入。

(二)体育锻炼后的膳食安排

1. 力量锻炼后的膳食安排

力量锻炼的目的是促进蛋白合成,使肌纤维增粗,肌肉体积增大,从而增强肌肉力量。在力量锻炼过程中,需要肌肉进行猛烈收缩,才能使骨骼肌得到足够的刺激，但也正因如此，有部分肌纤维会出现断裂。因此，在力量锻炼后，需要摄入充足的蛋白质，一是为了修复断裂的肌纤维，二是为骨骼肌的合成提供充足的原料。如果青少年在力量锻炼后得不到充足的蛋白质，不但会影响锻炼的效果，还可能会导致运动性贫血。因此，青少年在力量锻炼后应该摄入足够的含蛋白质较多的食物，比如豆类、鸡蛋、牛绒、肌肉、鱼肉等，在必要的情况下，还可以适当服用蛋白粉。

2. 耐力锻炼后的膳食安排

青少年在耐力锻炼（如长跑、游泳、滑冰等）的过程中，机体主要是以有氧代谢为主，糖、脂肪成为主要的能源物质，蛋白质代谢加强。由于运动时间较长，出汗量大，水分及电解质丢失较多，红细胞破坏增加。因此耐力锻炼后，青少年的膳食应该首先满足能量的消耗，多吃含糖量较高的食物，增加体内的糖原储备；还要及时补充水和电解质。同时，为了防止运动性贫血，还要注意补充铁元素。

3. 综合性项目运动后的膳食安排

青少年参加篮球、足球、排球、网球、铁人三项等综合性运动项目后，膳食应该以含糖量高的、富含蛋白质的、富含维生素的食物为主，并多吃水果；如进行长时间的训练和比赛，每隔20分钟应补充配方科学的运动饮料。

三、青少年体育锻炼的损伤预防和处理

青少年热爱运动，积极参与各项体育活动，但由于各种原因，常常会出现一些运动损伤，部分青少年出现损伤后没有得到充分的重视，迁延不愈，形成陈旧伤；或出现二次损伤，致使伤情加重，甚至导致残疾。因此，学校必须做好青少年体育锻炼的损伤预防和处理。

（一）青少年体育锻炼的损伤预防措施

在青少年体质健康促进过程中，学校或体育教师可以采取以下几种措

施预防或减少青少年体育锻炼的损伤的发生。

1. 加强思想教育,培养青少年损伤预防意识

一个人的行为会受到态度的影响,而态度则会受到认知的影响。因此,青少年是否会实施自我保护行为,关键在于其内心对预防体育锻炼的损伤的态度,而其态度取决于对损伤的认识。调查显示,体育锻炼的损伤的发生,常与体育教师、教练员和体育锻炼者对预防损伤的意义认识不足,思想上麻痹大意及缺乏预防知识有关。因此,一定要使青少年从思想上重视起来,要对青少年进行体育锻炼的损伤的预防教育,使其端正态度。体育教师也应该把正确的保护和自我保护的方法教给学生,如教会他们在身体失去平衡时,可以充分利用自身的移动来缓冲外力、避免伤害。

2. 在体育锻炼前充分做好准备活动

准备活动的目的有两个:一是提高身体尤其是骨骼肌的温度,以降低肌肉的黏滞性,减小肌肉收缩时的摩擦阻力,预防和减少损伤;二是通过准备活动克服内脏器官的生理惰性,为正式运动做好准备。研究表明,缺乏准备活动或准备活动不合理,是造成损伤的常见原因。体育教师要根据本堂课或本次锻炼的具体内容设计准备活动,既要有一般准备活动,又要有针对即将锻炼项目进行的专项准备活动。需要注意的是,体育锻炼中容易受伤的部分要加强练习,在做准备活动时充分热身。准备活动的强度不必太大,持续时间一般10～15分钟即可,以身体微微出汗为宜。另外,冬季进行体育锻炼时,准备活动的时间要延长。

3. 合理安排体育锻炼

体育教师面向的是各个年级不同年龄阶段的学生,因此在体育锻炼时,教师要基于学生的年龄、身体基本状况、运动基础等安排课程。体育教师要充分备课,除了要全面掌握教材内容,还要学习体育锻炼的损伤及其预防措施、体育锻炼的方式和教学技巧等内容。在教学过程中,体育教师要善于运用各种身体练习方法,带领学生掌握正确的锻炼技巧,不断挖掘其运动潜能,全面提高其身体素质。

需要注意，锻炼不能过量，要合理安排运动负荷，并带领青少年进行运动后的放松。锻炼方法的一成不变不仅会让学生产生厌倦感，还会使身体局部负担过大，无法得到均衡锻炼。若个别学生极度热爱体育锻炼，且有锻炼过量的趋势，体育教师要及时与其沟通，调整其运动心态，引导其循序渐进，待身体适应后再逐步增加锻炼量。学习新内容时，体育教师要亲身示范，分解动作，带领学生逐步掌握锻炼技巧。

4. 加强保健指导

在日常训练过程中，体育教师要加强保健指导工作，定期检查学生的锻炼效果，对那些身体不便、不宜参加运动的学生也不能置之不理，平时要关注其身体状况，定时或不定时检查其体质情况。另外，教师要禁止伤病患者或身体不合格的学生参加剧烈运动或比赛。当然，除了严格要求学生之外，教师还要认真做好场地、器材和个人防护用具的管理和安全卫生检查，要向学生普及体育健康知识，在帮助其习得体育技术之余还要提高其自我保健的意识，增强其体育锻炼的自觉性。

（二）青少年体育锻炼的损伤的应急处理

在体育活动中，损伤的发生率比较高，损伤会给运动者带来身体上的疼痛，对于尚未成年的青少年群体来说，损伤会对日常的生活和繁重的学习任务带来阻碍，严重时，还会对身体造成不可逆的伤害。此外，体育锻炼的损伤还可能会让青少年对运动产生恐惧心理，自主锻炼的积极性也会受到打击。因此，对体育锻炼的损伤的应急处理，对学校体育工作的开展和终身体育的形成有着非常重要的意义。

1. 肌肉韧带拉伤的处理

如果出现肌肉韧带拉伤，应立即停止锻炼，对伤处进行冷敷，保持静养，必要时需送医就诊。如果是颈部或腰部损伤，要减少活动，应该采用担架或车辆运送到医院救治或拨打120。如果是肌肉细微损伤，局部会出现发红、肿胀、发热、疼痛和功能障碍等症状，损伤发生后应该制动（伤部固定，不可活动），并立即进行冷敷，若有出血应施行加压包扎，并抬高伤肢,这样可以有效减少出血、肿胀,有利于后期恢复。在受伤后 24 小时之内属于新伤期,在此时期内不可进行按摩、热敷、理疗。受伤后 24～48 小时后进入中期,此时期可以采用热疗、针灸、按摩、理疗、功能锻炼等方法,改善局部血液和淋巴循环,促进组织新陈代谢,促进再生和组织修复,防止粘连。如果肌肉大部分纤维断裂或完全断裂,则需要进行手术缝合,应该先施行制动、止血、固定伤肢等紧急措施,然后迅速送医院,争取尽早动手术。

2. 踝关节扭伤的处理

踝关节扭伤是最常见的体育锻炼损伤,在关节韧带扭伤中大约占 80%。踝关节扭伤在田径、体操、球类、滑雪等众多运动中都可能发生。由于足内侧是粗短的三角韧带,外侧为三条较为细长的韧带,因此足外翻活动范围小,足内翻活动范围大。因此,踝关节扭伤往往是外侧韧带扭伤,且以前部的距腓前韧带损伤居多。在进行青少年踝关节扭伤现场急救时,应该立即用拇指压迫痛点进行止血,同时做强迫足内翻试验和踝关节抽屉试验,检查韧带是否完全断裂。可以用氯乙烷喷射或用其喷湿的棉花团压迫以加快止血,然后用较大的棉花块或海绵垫加压包扎,并抬高伤肢。用绷带包扎时应注意行走方向,即外翻损伤应呈轻度内翻位固定,使受伤组织处于松弛状态。在卧床休息时,应该将受伤的脚抬高,使静脉和淋巴顺利回流,防止或减轻肿胀。损伤发生 48 小时后,可以进行热敷,也可以将脚踝浸于半桶热水中,这样有利于组织的恢复。为了保持关节功能,可以做轻微伸屈足趾等活动。如果检查发现韧带完全断裂,则需要到医院进行手术缝合,术后还需进行康复治疗。

3. 皮肤擦伤的处理

擦伤是指皮肤受外力影响,皮肤组织被擦破出血或组织液渗出。一般创口较浅、面积不大的小擦伤可以不予理睬,可靠自身代谢和免疫功能自愈,但对外出血的伤者,尤其是大动脉出血必须立即止血,并视情况送医院救治。

4. 腰部扭伤的处理

腰部扭伤在体育锻炼中较为常见，尤其是球类运动，如篮球、排球等运动若操作不当很容易出现腰部扭伤。若在锻炼过程中扭伤腰部，无论严重与否都要立刻停止运动，防止二次受伤。有人认为腰部扭伤可以通过锻炼活络经脉，缓解扭伤，这种观点显然不正确，贸然锻炼只会加重扭伤程度。正确的方法是停止锻炼，卧床休息，让腰部肌肉得到充分放松。卧床时可以在腰下放置软垫或枕头来支撑腰部，避免其悬空或用力，同时可以借助针灸、推拿、按摩等手段进行治疗。

按摩治疗是最佳选项，按摩能缓解疼痛、疏通经络。按摩时，患者要放松身体，呈侧卧状，不用枕枕头，双臂放松自然放置在体侧。按摩师会通过推、揉、理筋、镇定、叩打等一系列手法帮助患者放松肌肉，待完全放松后就可施行腰部侧板法，按摩结束后患者要自行活动腰部，注意不要过于用力，要轻柔、缓慢地活动，慢慢适应，最后口服跌打丸，通过内外结合来治疗腰部扭伤。

5. 指关节损伤的处理

指关节损伤的主要症状是手指肿胀、疼痛，严重者甚至会骨折。指关节损伤的正确处理方法如下：停止运动，将受伤手指用冷水冲洗或用冰袋冷敷，然后结合药物进行治疗。若损伤较为严重就要对受伤的手指进行关节固定，一般需固定三周，也可以将伤指和相邻手指都做环形固定。若是损伤更严重则需要视情况进行手术治疗。

6. 骨折的处理

骨折属于严重的体育锻炼损伤，日常运动很少导致骨折，但对抗激烈的运动项目骨折风险较大，如篮球、足球。体育锻炼中的骨折大多是下肢骨折，恢复周期长，会给生活和学习带来不便，因此许多伤者往往容易出现急躁情绪，这时就需要对其进行心理治疗。总的来说，骨折的治疗包括外伤治疗和心理治疗，且两种治疗是同时推进的。此处主要针对外伤治疗方法进行阐述。外伤治疗分为前期和后期，前期要对骨折部位精心固定，并使用外伤治疗药物进行治疗，由于受伤部位无法活动，长时间下来容易造成肌肉萎缩，因此要保持健康肢体的规律运动，避免后期带来全身性并发症；后期伤处逐渐痊愈，可以适当进行康复运动，如抗阻运动、肌肉力量训练等。

总之，体育锻炼给人们带来健康体魄和愉悦体验，但相伴而生的损伤也不容忽视。因此，青少年在体育锻炼过程中要有防范意识，避免损伤，若损伤发生也要对处理方法有所了解，避免二次损伤。

第四节 运动对便携智能终端成瘾青少年的有利影响

智能终端是一类嵌入式计算机系统设备，其体系结构分为硬件结构和软件结构。[①] 便携智能终端则是指所有具有便携特性的智能终端设备。本节所涉及的便携智能终端主要包括智能手机、平板电脑、掌上电脑、掌上游戏机（PSP）、移动视听设备等。便携智能终端对青少年具有巨大的吸引力，使之沉迷其中，影响其睡眠质量和体质健康水平。

一、便携智能终端对青少年体力活动量的影响研究

为了弄清便携智能终端影响青少年体质的机制，湖南科技大学青少年运动健康促进研究团队对 400 名青少年进行了为期 30 天的调查。为了更加准确地记录受试者每天便携智能终端的使用数据，团队使用专业的应用计时软件记录了受试者的便携智能终端的使用情况，相比传统的问卷调查更为可靠、精准。例如，采用华为手环 3 Pro 跟踪记录受试者的日常步行量。该设备采用内置低功耗独立 GPS 精准记录步行量、卡路里消耗和运动轨迹，能精准记录受试者每天的步行量，与传统的问卷调查法相比更具

---

① 刘珂. 贵州大数据兴起 [M]. 成都：电子科技大学出版社，2017：21.

科学性。

从第一章的表 1-1 可以看出，大部分青少年每日使用便携智能终端的时长为 4～8 小时，占调查总人数的 68%；每天使用便携智能终端少于 4 小时的人仅占调查总人数的 12%；20% 的青少年使用便携智能终端的时长超过 8 小时，这部分人以大学生居多。

步行锻炼作为一种安全、实用、有效的锻炼方法，适用于各类人群进行锻炼。日平均步行量是反映日常身体活动量的一个有效指标之一，如表 4-1 所示。Bernard C.K.Choi 等（2007）[1]认为，每日 10000 步的身体活动可以维持一个理想的健康水平。从本研究结果来看，大部分学生每日平均步行量为 2000～6000 步，占调查总人数的 67.50%；仅有 3.00% 的学生每日的平均步行量达到 10000 步；甚至有 11.00% 的学生步行量每天在 2000 步以下，表明其日常身体活动量严重不足。

表 4-1　青少年日平均步行量统计表（n = 400）

步行量（步数）	人数	百分比（%）
2000 步以下	44	11.00
2000～4000 步	148	37.00
4000～6000 步	122	30.50
6000～8000 步	50	12.50
8000～10000 步	24	6.00
10000 步以上	12	3.00

表 4-2 显示，青少年每天平均便携智能终端使用时长为 7.63 ± 4.14 小时，平均步行量为 6536.08 ± 1423.29 步，相关系数为 -0.86（$P < 0.05$）。表明，青少年便携智能终端使用时长与每天的体力活动水平呈高度负相关。青少年便携智能终端使用越多，其体力活动越少。Rosenkranz 与

---

[1] BERNARD C.K.CHOI, ANITA W.P. Pak, et al.Daily step goal of 10,000 steps: A literature review[J].Clinical and Investigative Medicine, 2007, 30 (3): 146-151.

Duncan（2015）[①]认为，体力活动（PA）对人的健康和幸福有诸多益处，但大多数人没有通过足够的体力活动来获得这些益处。"每天10000步"是改变人们久坐不动的生活方式和改善全民健康的一种实用而有趣的方式。Purcell C（2018）等[②]认为，以较慢的步行速度行走10000步时的能量消耗可能符合美国运动医学会（ACSM）的建议，尽管以较快的步行速度消耗的能量显著增加。因此，青少年由于便携智能终端使用较多，导致体力活动严重不足，势必影响身体发育和体质健康水平。

表4-2 青少年手机使用时长与步行量的相关性分析表（n＝400）

内容	m±s	Rs	P
手机使用时长（小时）	7.63±4.14	-0.86	0.02
步行量（步数）	6536.08±1423.29		

二、运动对减少青少年便携智能终端"成瘾"的效用研究

研究团队将400名志愿者分为两个小组（实验组、对照组），每组200人。实验组按照要求每天进行不低于10000步的体力活动，对照组按原有生活方式不变。该实验持续了2个月，研究人员记录了他们的步行量和便携智能终端的使用情况。从表4-3可以看出，实验组青少年每日便携智能终端使用时长为4.18小时，标准差为3.16。也就是说，增加步行锻炼量后实验组青少年手机使用时长显著减少，与对照组相比差异非常显著（P＜0.01）。增加日常生活中的体力活动，能够有效降低青少年便携智能终端的使用频率，减少使用时长，有助于控制青少年便携智能终端的

[①] ROSENKRANZ R R, DUNCAN M J, Caperchione C M, et al. Validity of the Stages of Change in Steps instrument (SoC-Step) for achieving the physical activity goal of 10, 000 steps per day[J]. BMC Public Health, 2015, 15 (1)：1197.
[②] PURCELL C, BULLEY C, MACPHERSON C, et al. 10, 000 steps a day to improve health: Investigating fast and slow walking speeds[D]. Queen Margaret University Edinburgh, 2018.

"成瘾性"。可以说，运动是控制和改善青少年便携智能终端成瘾的有效手段。

表4-3 实验后青少年便携智能终端使用时长

组别	便携智能终端使用时长（小时）	P	P
对照组（n=200）	7.49±4.02	0.00	0.02
实验组（n=200）	4.18±3.16		

三、运动对青少年睡眠质量的影响研究

研究团队指导实验组青少年进行步行锻炼，锻炼量每天10000步，对照组保持原有生活方式不变。采用匹兹堡睡眠质量指数表评定受试者的睡眠质量。

表4-4 实验前、后青少年日均睡眠时长对比分析表

锻炼前后	日均睡眠时长（小时）	P	P
锻炼前（n=200）	7.29±3.16	0.02	0.02
锻炼后（n=200）	8.26±3.38		

表4-5 实验后青少年日均睡眠时长对比分析表

组别	日均睡眠时长（小时）	P
对照组（n=200）	7.18±2.96	0.03
实验组（n=200）	8.26±3.38	

从表4-4和表4-5可以看出，步行锻炼前青少年日均睡眠时间为7.29±3.16小时，锻炼后青少年日均睡眠时间为8.26±3.38小时。与锻炼前相比，每天步行10000步的青少年日均睡眠时间明显增加，这表明每天10000步的步行锻炼量能够有效增加青少年的睡眠时间。与对照组相比，

锻炼后实验组青少年日均睡眠时长有显著提高（P＜0.05），表明步行锻炼对青少年的睡眠时间有较大影响。适当的步行锻炼能够促进身体能源物质的消耗，产生适当的疲劳感，有助于入睡，帮助青少年提升睡眠时长。

表 4-6　步行锻炼前、后青少年睡眠质量指数对比分析表

锻炼前后	睡眠质量指数	P
锻炼前（n=200）	6.86±2.32	0.00
锻炼后（n=200）	5.93±2.03	

表 4-7　步行锻炼后青少年睡眠质量指数对比分析表

组别	睡眠质量指数	P
对照组（n=200）	6.74±3.41	0.00
实验组（n=200）	5.93±2.03	

从表 4-6 和表 4-7 可以看出，受试青少年每天进行 10000 步的步行锻炼后，睡眠质量指数与锻炼前相比出现显著下降（P＜0.01），表明每天 10000 步的锻炼量能有效促进青少年睡眠质量的改善。与对照组相比，实验组青少年睡眠质量指数显著下降（P＜0.01）。

四、运动对青少年体质健康的促进作用研究

研究团队指导实验组进行步行锻炼，锻炼量每天 10000 步，对照组按照原有生活方式不变。采用健康体质测试的方法检测青少年体质状况，测试指标包括身高、体重、肺活量、立定跳远、坐位体前屈、引体向上（男）、一分钟仰卧起坐（女）、50 米跑、800 米跑（女）、1000 米跑（男），并按《国家学生体质健康标准（2014 年修订）》进行体质综合评分，如表 4-8 和表 4-9 所示。从表 4-8 中可以看出，步行锻炼前实验组青少年体质总评分为 68.56±9.32，锻炼后实验组体质总评分为 71.38±8.91。与锻炼前相比，每天步行 10000 步的青少年体质评分显著提高（P＜0.05）。从表 4-9 中可以看出，在严格控制其他条件的情况下，被试青少年每天进

行 10000 步的步行锻炼，为期 60 天。实验后，与对照组相比，实验组青少年体质总评分有显著提高（P＜0.05）。

表 4-8 步行锻炼前、后青少年体质评分对比分析表

锻炼前后	体质评分	P
锻炼前（n=200）	68.56±9.32	0.02
锻炼后（n=200）	71.38±8.91	

表 4-9 步行锻炼后青少年体质评分对比分析表

组别	体质评分	P
对照组（n=200）	68.83±9.87	0.03
实验组（n=200）	71.38±8.91	

综上所述，与对照组相比，实验组青少年体质总评分有显著提高（P＜0.05），表明步行锻炼对青少年的体质总评分有较大影响。步行作为一种安全、简单、易行的锻炼方式，能够使青少年摆脱长时久坐状态，增加活动时间，从而在一定程度上改善青少年各器官系统机能，增强少年的体质，促进其健康水平的提升。青少年在监督下进行为期 2 个月的步行锻炼后，自控能力明显提高，对手机等移动智能终端的依赖性明显降低，呈现出身体活动量增多，睡眠质量改善等现象。此外，其身体活动量增多能促进身体各器官系统的机能，睡眠质量改善能促进青少年身体的恢复，有益于健康。可见，步行锻炼有助于减少青少年对手机的依赖，改善其睡眠质量，促进其体质水平的提高，对青少年的健康有良好的提升作用。

第五章　青少年体质健康的干预问题研究

学校是青少年日常生活的主要场所，家庭是青少年成长的重要场所，社会是青少年思想道德教育的主要阵地，医院是保障青少年健康的关键机构。青少年体质健康的促进离不开学校、家庭、医院和社会的共同努力。为此，促进青少年体质健康的工作要以青少年为本，重视学校、家庭、医院和社会之间的沟通工作，共建坚实的后盾，为青少年的身心健康发展打好基础。

第一节　学校干预青少年体质健康的实施策略

一个人从幼儿时期到成熟时期一般都处于学校教育环境中，其知识获取、健康成长都离不开学校。学校的教育理念与教育环境与青少年的心理健康和生理健康息息相关，对青少年的健康体质养成和个人的全面发展的影响都不可忽略，因此，学校要积极探索适合青少年体质健康发展的路径。具体来说，学校可以从以下方面对青少年的体质健康发展进行干预。

一、优化体育课堂教学

体育课是学生了解基本的体育与保健知识的主要途径，开展体育课堂教学能帮助学生提高运动技术水平。体育课是实现学校体育目标和促进青少年体质健康的基本途径。就目前的教育形势来看，学校优化体育课堂教学需要做到以下几点。

（一）尊重学生的主体地位

学生是体育教学的主要对象，尊重学生主体地位是优化体育课堂教学的重要途径，具体来说，需要从以下两方面着手：

1. 尊重学生的兴趣爱好

全面发展是当前教育的主要目标，对体育教学而言，同样需要朝着这一目标努力。现在大部分体育教师仍停留在千篇一律的知识传授、技能训练，并一味按照教材内容安排课程，完全忽视了学生的主体性。要发挥学生的主体地位，教师就要尊重学生的兴趣爱好，并在此基础上丰富体育课堂教学内容，提高他们对运动技能的掌握。体育课可以开展更多具有趣味性的训练项目，如啦啦操、武术等，学生可以根据自身喜好进行选择，这不但有助于拓展学生对体育运动的了解，还能激发其对体育课的兴趣。教师教学时要对学生的基本情况有所了解，针对那些毫无基础的学生，教师可以先以介绍的形式让学生了解各种体育运动的魅力，培养其运动兴趣，再有针对性地进行实践教学；针对那些有一定基础的学生，教师可适当给予其自由活动的空间，让他们选择适合自己的体育项目进行练习，教师适时提供指导即可。

2. 发挥教师对学生的引导作用

教师要尊重学生的个性与爱好，但并不意味着教师完全不发挥作用，尊重学生的主体地位也需要发挥教师的引导作用，具体而言，包括以下方面：

（1）以准备活动培养学生的体育兴趣

准备活动是开启体育课堂的第一步，跑步是体育课上最常见的准备活动，让学生先绕操场跑几圈，帮助其活动关节、热身，预防随后运动时因热身不到位带来的身体损害。毋庸置疑，课前热身是十分必要的，但千篇一律的跑圈式热身久而久之就会让学生产生厌烦心理。因此，教师在进行教学设计时要不断引进新内容，以不同的、富有趣味性的热身方式唤醒学生，这样一来既能达到活动关节、预防运动损伤的目的，又能激发学生的学习欲望。例如，教师可以将"老掉牙"的准备活动——跑几圈改为蛇形跑，即无规则地随意跑。

（2）以正确的教学方法增强学生的能力

体育课中有各种各样的教学方法可用来促进学生体育能力的提升，接下来以篮球启发式教学为例进行说明。篮球是一个团队游戏，而不是一个鲁莽的体力游戏。练习时需要学生彼此之间默契配合，去冲破敌方的防守，从而训练他们学生的团队协作能力。另外，篮球运动还需要学生充分发挥主观能动性，预测敌方的下一步攻击，这样可以有效培养他们的动脑能力。

（3）以激励的语言提升学生的积极性

教师的表扬和激励的语言对学生而言十分重要，这是对学生学习成果的肯定，能有效激发学生的学习积极性和追求成功的心理。体育教师需要明确，教学中的鼓励不仅仅是面向优秀的学生的，对于水平不同的学生要善于发现其各自的优点，如水平较差的学生要关注他们的进步并及时予以鼓励，使其拥有持续努力的动力；水平较高的学生也要给他们展示自己的机会，让其成为其他学生的表率，给他们足够的肯定，激发其向着更高的目标努力。

（二）创新体育教育理念

教育理念是教学活动的方向指导，加强通识教育理念认识是做好体育通识教育的基础。教师和学生都应当明确体育教育是通识教育的重要组成部分，应当树立正确的体育教育理念。学校要发挥主导作用，统一办学思想，引导师生树立正确的体育理念，尤其是在提倡全面发展、素质教育的当下，学校更应当及时更新体育教学理念，将体育教学与素质教育挂钩，将体育教育置于培养德、智、体、美全面发展人才必经之路的重要地位，使体育教学活动对学生的成长与发展切实产生影响。

(三)明确体育课程目标

体育课程的目标可分为五个层面：运动参与、运动技能、身体健康、心理健康、社会适应。体育教师应通过体育教学引导学生从以上层面理解体育的深刻内涵与意义。对体育教师而言，在课堂教学中要注意以增强体质为教学目标，避免教学时目标偏差。当然，教师在贯彻增强体质这一目标时，要关注学生的兴趣与需求，处理好体育教学的趣味性与体育训练的艰苦性的关系，并要尊重个体差异，平衡好总体目标与学生个体差异的关系。

(四)实施心理刺激调节教育

心理刺激调节教育有助于激发学生的学习兴趣和学习潜能，就体育教学而言，实施心理刺激调节教育能帮助学生克服消极的学习心态，借助暗示和激励，引导其形成积极向上的学习心理，从而调动学生的学习兴趣，主动参与体育训练，在学习中尝试创新、探索，寻找最适合自己的学习策略，从而挖掘自己的学习潜能。实施心理刺激调节教育需要教师对学生的心理活动与行为表现有充分的了解，通过信任、期望、启发、评价、疏导等一系列流程让学生敞开心扉，尝试改变。[1]

二、改进课外体育活动

课外体育活动是指学生利用课余时间参与的以锻炼身体、愉悦身心为目的的体育活动。课外体育活动是学校体育教学的重要内容之一，是体育课程的延续和补充，也是促进青少年体质健康的重要途径之一。通常，学校课外体育活动可以通过以下几个方面完成改进。

(一)优化运动场地

大多数学生不参加体育运动很大程度上是因为运动场地和设施受限，

---

[1] 王磊磊. 大学生体质健康发展与干预策略研究[M]. 延吉：延边大学出版社，2016：139.

这就打击了学生进行体育锻炼的积极性。一般来说，学校的运动场地主要是足球场、篮球场，但对于其他运动项目并没有提供场地，如乒乓球、羽毛球等，这对于需求多元的学生群体而言显然是不够的。因此，学校要对校内的运动场地进行优化和合理布局，根据学生的需求增加体育设施，合理安排校园内的空地，多开发一些满足学生需求的运动场地，如设置一面网球墙、提供一些简单的羽毛球场地等。

（二）提供运动器材

没有好的运动器材就难以发挥运动项目的作用。因此，学校应尽力为青少年学生提供齐全的运动器材，并采用免费或低价租借的方式供学生使用。学校可以设立租借体育器材的部门，本校学生可凭借学生证进行租借，在限定期限内归还即可。为方便管理，最好安排专门负责租借事项的人员，对器材的使用情况、数量和租借情况进行记录，管理好器材，有遗失或损坏要及时上报处理。学校也要提供一定的经费，用于维修和更新器材。形成一套完备的租借体系后，学生的体育运动有了一定的保障，学校的体育器材也就发挥了最大用处。

（三）加强课外指导

现阶段，许多学校只关注体育课堂教学，忽视了学生的课外体育活动需求，因而许多学生在进行课外体育活动时缺乏指导，没有正确的锻炼方法，仅仅依靠个人兴趣进行锻炼。在无人指导的情况下，仅依靠兴趣构建的小团体很难维持长久，加之缺乏指导，很难提升自身的体育技能。技术水平的高低在一定程度上会影响学生对该项运动的兴趣，一直停留于一个阶段会让学生渐渐丧失运动中的趣味，总之，仅依靠低水平的重复是远远不够的。因此，学校可以为学生的课外体育活动提供一些帮助，指派一些专门的指导教师，对学生的运动技术和运动方式适时提出指导意见，帮助其不断提升运动技能，维持运动兴趣。

（四）培养健康意识

要使青少年学生重视体育锻炼，首先要从思想上认识到身体健康的重要性，要明确身体是学习和生活的资本，对于学生而言要树立身体与学习并重的意识。"健康第一"的思想虽早已提出，但并未深入学生和家长的思想，许多家长甚至认为体育锻炼会影响学生学习，压缩了学生的学习时间，这种思想显然是不正确的。如果不能在青少年时期引导学生养成运动习惯、提高健康意识，在成年后就更难以重视体育锻炼。因此，学校要着重培养学生的健康意识，帮助学生真正理解体育运动对生活、学习的重要性，激发其自主参与体育锻炼的意识，进而形成体育锻炼的习惯。当然，意识的培养不是一蹴而就的，只依靠学校的力量远远不够，可以呼吁社会力量参与，创造一个重视体育锻炼、关注个人健康的社会环境，让健康意识在学生心中生根发芽。

（五）实施激励策略

传统的教学模式对学生来说过于呆板，一成不变很容易引起学生的抵触，对于体育教学而言也是如此。因此，在教学中要加入一些激励策略，为教学提供一些新活力。科学的激励策略能有效增强学生参与体育锻炼的主动性，如某学校以证书作为激励。学校要求体育专业学生学习新大众健美操五级，并对其进行考核，为通过考核者颁发证书。非体育专业的学生也可以参与考核，通过考核同样能获得证书。颁发体育技能证书是对学生学习成果的一种肯定，有助于激励学生，还能带动其他学生积极参与考核。

三、加强师资队伍建设

新的《全国普通高等学校体育课程教学指导纲要》的实施为体育教学带来了许多变化，就课程模式来看，体育课程内容的选择权从教师转移到学生手里，过去教学内容由教师确定，如今学生可以自主选择教学内容、授课教师、上课时间等，这种选课的形式能让学生根据自身兴趣来选择，对其主动性和积极性都有积极影响。同时，这一模式对体育教师提出了新的挑战，教师教学质量、教学方法和教学能力都成为学生的考量因素。基于此，学校要及时对教师进行培训、提升，加深其对新的《全国普通高等学校体育课程教学指导纲要》的认识，引导其更新教学理念和教学方法。学校体育教研部可以定期举办学术活动、培训班，帮助教师提高教学技能，引导其与时俱进，激发其创新意识，在正确教学理念的指导下进行教学，最终培养出优秀的教师队伍。学校主要可以从以下方面来加强师资队伍建设：

（一）加强职后培训

目前，许多学校体育师资队伍的质和量都还存在严重不足，体育专业毕业的研究生教师为数不多。现有体育教师自身的体育理论素养、实践能力及教学水平都远远无法满足需求。对此，有条件的学校应加强对体育教师的职后培训，提高教师队伍的总体素质。例如，学校可以不定期开展一些职业讲座、校外教师交流活动，为体育教师提供更多学习的机会。另外，学校也可以举办一些有奖竞赛，激励体育教师自我提升。

（二）促进专业发展

现有的体育教师大多专业水平不是很高。因此，学校要对教师结构进行调整，以提高他们的专业水平。除了一些职后培训外，学校还要让教师认识到仅讲授几条抽象的运动理论、一些简单的运动技巧是不可能教出体质健康水平很高的学生的。教师应在教学实践中不断学习国内外优秀的教学理论和经验，并结合学生的实际情况进行体育教学。例如，学校要鼓励教师在实践中摸索有利于学生体质健康发展的教学方法，对于优秀的教学方法可以给予一定的经济奖励或精神奖励。

第二节　家庭干预青少年体质健康的实施策略

家庭是青少年成长的一个重要场所，对其今后的发展影响深远。青少年体质健康不仅仅是学校应当关注的问题，也值得家庭重视，家庭干预对青少年体质健康的提高影响巨大。一般来说，家庭干预青少年体质健康的实施策略包括以下方面。

一、优化家庭教育

家庭教育就是家中长辈对子女的教育，家庭教育的好坏可以直接在子女的行为处事、个人素质上体现出来。当今社会，家庭教育的内涵被不断丰富，从单向的长辈对子女的教育，转变为家庭成员间的相互影响。与此同时，对于家庭教育的研究在不断扩展，教育观、教育策略、家庭基本状况（如经济条件、生活环境等）等都成为优化家庭教育的切入口，对青少年的成长产生着持续影响。[①]

（一）家庭教育对青少年体质健康的影响

家庭教育是青少年的启蒙教育，对青少年的心理和生理发展成熟都有着重要影响，对青少年体质健康的影响也不容忽视。

1. 家长掌控青少年的余暇时间

除了学校，家庭就是掌控青少年时间的主要场所，但青少年的空闲时间大多被家长安排得满满当当。当今家长非常关注孩子的学习成绩，会在其闲暇时间安排一系列课外学习任务，以提升学生的成绩、培养学生的

---

① 刘满. 体育强国视域下青少年体质健康的综合干预研究[M]. 长春：吉林大学出版社，2019：78.

气质、开发学生的智力。调查发现，家长非常重视对青少年学习的投资，但主要是在文化课程方面，而对于体育方面则比较应付，这就导致大部分青少年的锻炼时间被压缩，身体素质较差。体育锻炼对青少年而言是必须的，长期的锻炼不但能增强其身体素质，还有助于发泄不良情绪、维护心理健康。但想要发挥体育锻炼的作用，青少年就必须持之以恒，每天保持一小时的锻炼，但在校期间学习任务繁重，显然无法满足这一条件，而回家之后还有各式各样的学习安排，也难以保障运动时长，因而体育锻炼的效果很难达到。可见，家庭在提升青少年体质的过程中也扮演着重要角色。

2. 家长掌握膳食的搭配方式

青少年的体质健康一方面可通过增强锻炼来提升，另一方面也需要合理的膳食安排来保障。无论是免疫能力、运动能力，还是生长发育，都离不开膳食搭配，科学合理的膳食安排是青少年体质健康的基本保障。因此，家长要对基本的营养知识、青少年成长过程中的营养需求、合理膳食的搭配方法等有所了解，帮助青少年养成良好的饮食习惯，从饮食层面为其身体健康发展打好基础。

3. 家长影响青少年体育锻炼

虽然随着健康知识不断普及，家长们逐渐意识到青少年的身体健康对学习产生的影响不容忽视，体育锻炼对于青少年而言是十分必要的，但在巨大的升学压力下，许多家长还是不愿将时间浪费在体育锻炼上，这也抑制了青少年的锻炼意识和运动兴趣的产生。

（二）家庭教育的优化方法

家庭教育可以通过以下几种方法实现优化：

1. 树立正确的家庭教育观

家庭教育要重视青少年的德才兼备，全面发展。一些家长对家庭教育的重要性尚未了解清楚，有的家长认为孩子的教育是学校和教师的责任，否认了家庭教育的作用；有的家长则将教育片面理解为知识教育，这种教育观念限制了青少年的全面发展。因此，树立正确的家庭教育观是优化家庭教育的第一步，只有家长了解家庭教育的重要性，积极配合学校教育，才能对青少年的健康成长产生全面影响，这种配合不仅仅是知识教育的配合，更是体质健康层面的配合，学校与家庭通力合作，才能让青少年树立正确的运动意识，关注自身体质健康。

2. 采用科学的教育方法

家庭教育的方法直接影响家庭教育的效果，科学的教育方法对青少年的体质健康、性格培养、"三观"养成都具有积极影响。正确的教育方法应当是严而不厉、爱而不溺，对青少年的教育不是一蹴而就的，家长要有耐心、有恒心，对其进行循序渐进的教育。家长要与其多沟通，对孩子的优点与缺点有较为全面的把握。一方面，家长要善于发现孩子的优点，对其特长与优势予以关注，鼓励其挖掘潜能、发展个性；另一方面，家长要客观面对孩子存在的不足，帮助其改正缺点，寻找正确的发展方向。

3. 营造良好的家庭氛围

和谐的家庭氛围对青少年的情绪、心理和性格都有直接影响。家长要营造良好的家庭氛围，给孩子创造积极向上、和谐乐观的家庭环境。环境会对青少年产生潜移默化的影响，从而帮助其形成健康的心理和正确的行为习惯。简言之，家庭氛围是家庭教育的主要构成部分，对青少年的成长影响巨大。

二、发展家庭体育

家庭体育就是在家庭内部开展的体育娱乐活动，主要目的是帮助家庭成员学习一些基本运动技能、培养兴趣爱好、丰富家庭生活，并通过体育活动来增进家庭成员的感情，释放压力并提高身体素质。家庭体育具有多样性、自主性、全面性和灵活性的特征，既可以将它看作娱乐活动，也可以看作特殊的家庭教育方式。① 研究表明，家庭体育的发展在促进青少年

---

① 赵金林. 校园体育文化建设与实践探究 [M]. 北京：中国书籍出版社，2018：149.

体质健康方面具有以下几点意义：

（一）补充学校体育

家庭体育最大的特点是自由，无论是体育项目，还是锻炼时间、强度，都可以自主安排，这也是其与学校体育的差别所在。家庭体育能满足青少年在体育锻炼上的个性需求，学校体育课程受时间、教学目标等限制，体育活动的类型少、时间有限，家庭体育正好能与学校体育形成互补。在学校学习的体育知识可以在家庭体育中得到巩固，弥补学校体育的不足，两者共同发挥作用，提高青少年的体质健康。

（二）培养良好的生活方式

不良的生活方式对青少年的身体产生着持续损害，如抽烟、喝酒、暴饮暴食、熬夜等。家长通过组织家庭体育能引导青少年转移注意力，激发青少年的积极性，从而在长期的体育锻炼中树立健康意识，养成良好的生活习惯，逐步克服不良习惯，增强自律能力，提高身体素质。

（三）树立终身体育意识

意识的形成需要经过漫长的历程，引导青少年树立终身体育的意识需要学校与家庭的长期配合。学校体育能引导学生初步认识体育的重要性，为其树立终身体育的意识奠定基础，家庭体育要配合学校体育，与学校体育相互协作，进一步激发青少年的自主锻炼意识，鼓励其成为热爱运动的积极分子，家庭体育不追求功利性，能让青少年更好地体会运动的乐趣，在不知不觉中提高体育技能，增强体育意识，并在达到享受体育运动的状态时，自然形成终身体育的意识。

综上所述，大力发展家庭体育不仅可以帮助青少年养成坚持体育锻炼的意识，还能帮助他们学会管理课余时间。

三、提供营养膳食

人体的生长发育、组织更新需要营养来维持。所谓营养,就是人体通过摄入、消化、吸收等方式从食物中转移到自己身上的养分,即满足生长所需的成分。[①] 运动后要及时补充营养,尤其是身体正处于快速生长阶段的青少年。[②] 通过食物获取的营养素能被人体吸收,进而为日常活动提供能量,营养还是维持人体器官正常运转、提高身体机能的主要物质。因此,家长要了解青少年的基本营养需求,结合其成长阶段和身体需求提供合理的营养膳食,保证营养供给。

(一)青少年的基本营养需要

运动需要充足的能量供给,运动结束后需要及时补充矿物质、维生素和热能。

1. 矿物质

①钙。青少年平均每天需留存300毫克钙。如果机体对食物的钙吸收率为30%,那么青少年每天钙的需要量至少为1000毫克。[③]

②铁。铁元素的主要作用是促进血红蛋白与肌红蛋白合成,青少年更是需要大量的铁元素。一般来说,男生所需的铁元素远大于女生,因而日常饮食安排要注意给男生提供一些铁元素丰富的食物,但是,女生在经期时铁元素的流失会加速,因此也可以在此时适当补充铁元素。

③锌、碘。青少年的生长发育、性成熟等离不开对锌的适量补充。为了避免引起甲状腺肿,也要适当补充碘。

---

① 谭思洁,王健,郭玉兰. 青少年运动健康促进导论 [M]. 北京:知识产权出版社,2012:27.
② 营养素指的是食物中具有营养价值的物质。
③ 刘满. 体育强国视域下青少年体质健康的综合干预研究 [M]. 长春:吉林大学出版社,2019:93.

2. 维生素

维生素也是青少年不可缺少的营养元素，且随着年龄的增长，对维生素的需求也在不断改变。青春期阶段，对维生素 A 的需求不高，对维生素 D 的需求较低，但随着年龄增长，需求量会逐渐增加。此外，由于青春期阶段青少年身体的热能供给增加，因而对水溶性维生素（维生素 B_1、维生素 B_2、烟酸）的需求量也在不断增加。

3. 热能

青春期是人类对热能的需求最高的时期，如果热能不足会造成营养不良，进而影响学习和体质，若热能过多又会引发肥胖等问题。因此，家长必须注意在这段时间为青少年提供适宜的热能膳食。专家认为，我国青少年男女生每天的热能供给量应分别控制在 2400 千卡～2800 千卡、2300 千卡～2400 千卡。[①]

（二）青少年的饮食原则

一般来说，青少年的饮食摄入须遵循以下几个原则：

①一日三餐要吃好，要保证碳水化合物、脂肪和蛋白质的摄入量。

②不挑食，及时补充维生素与矿物质。多吃蔬菜，保证营养均衡，降低成年后患上高血脂、心血管疾病的概率。

③每日摄入足量蛋白质，肉、蛋、奶、豆制品是优质蛋白质的主要来源。

④不能为了减肥而挨饿，否则容易得冠心病。

⑤不要过度依赖营养品，青少年的营养摄入主要还是通过日常饮食。

⑥多喝水，不要用饮料代替。

⑦按时吃饭，一日三餐不能少，运动消耗过大时要适当增加营养摄入。

⑧超重、肥胖的青少年少吃高热量食物。

---

① 刘满. 体育强国视域下青少年体质健康的综合干预研究 [M]. 长春：吉林大学出版社，2019：94.

第三节　医院干预青少年体质健康的实施策略

随着社会的发展，人们的生活方式发生了重大转变。青少年便携智能终端使用增多，体力活动减少，运动缺乏，导致体质下降。"以治疗疾病为中心"的卫生理念无法解决健康问题，无法满足人们日益增长的健康需求。对此，《"健康中国2030"规划纲要》明确了以"健康促进"为中心的卫生工作理念。《"十三五"卫生与健康规划》提出了推进医院开展健康教育和健康促进工作，力争到2020年每个县（区）健康促进医院要达到40%的目标。

一、以健康教育为基础

《中华人民共和国宪法》规定："国家培养青年、少年、儿童在品德、智力、体质等方面全面发展。"这一规定为开展我国青少年儿童的体质健康教育工作奠定了法律基础。青少年健康教育是旨在通过各种教育手段和方法，使青少年在获得必要的卫生知识的基础上，实现健康态度的转变，树立正确的健康观念，使行为和生活方式改善，促进青少年身心健康，为终身健康奠定基础，而根据特定规范、条件和要求，实施有针对性、有目的、有计划、有评价的健康教育活动。

二、主动实施青少年体质健康预警

青少年体质健康预警是以青少年体质健康测试数据为依据，以数据分析为基础而构建的警示模式。从现有研究资料来看，国内外关于青少年体质健康预警的研究相对较少，没有直接可供借鉴的模式。

（一）构建青少年体质健康预警指标体系

湖南科技大学青少年运动健康促进研究团队，依据《国民体质测定标准手册及标准》《国家学生体质健康标准（2014年修订）》选取了与青少年体质健康有关的指标，采用德尔菲法多轮次体质健康专家咨询评价，最终选取安静心率、BMI（身体质量指数）、体脂率（BFR）、胸围、脊柱形态、血压、肺活量、引体向上/仰卧起坐、坐位体前屈、反应时、50米跑、800/1000米跑、焦虑、抑郁14个指标，作为青少年体质健康风险核心指标，建立了青少年体质健康预警指标体系（表5-1）。

表5-1 青少年体质健康预警指标体系

1级指标	2级指标	3级指标
青少年体质健康预警	身体形态指标	BMI（身体质量指数）
		体脂率（BFR）
		脊柱形态
		胸围
	身体机能指标	安静心率
		血压
		肺活量
		反应时
青少年体质健康预警	身体素质指标	引体向上/仰卧起坐
		50米跑
		800/1000米跑
		坐位体前屈
	心理健康指标	焦虑
		抑郁

（二）青少年体质健康预警指标权重的确定

为了确定青少年体质健康预警指标权重，湖南科技大学青少年运动健康促进研究团队邀请了国内 21 名运动科学、运动医学等领域的体质健康专家（涉及高校、医院、科研院所 16 家，其中，教授 15 人，副教授 4 人，研究员 2 人）对表 5-1 的指标进行赋值，最终计算出各个指标的权重系数（表 5-2）。

表 5-2　青少年体质健康预警指标权重

2级指标（系数）	3级指标	系数
身体形态指标（0.2331）	BMI（身体质量指数）	0.3273
	体脂率（BFR）	0.2184
	脊柱形态	0.2786
	胸围	0.1757
身体机能指标（0.3715）	安静心率	0.2647
	血压	0.1284
	肺活量	0.4123
	反应时	0.1946
身体素质指标（0.2745）	引体向上/仰卧起坐	0.4012
	50米跑	0.1475
	800/1000米跑	0.3128
	坐位体前屈	0.1385
心理健康指标（0.1209）	焦虑	0.3427
	抑郁	0.6573

在表中 14 个 3 级指标中，BMI（身体质量指数）、肺活量、引体向上 / 仰卧起坐、坐位体前屈、50 米跑、800/1000 米跑等指标按照《国家学生体质健康标准（2014 年修订）》进行评分，安静心率、体脂率、胸围、脊柱形态、血压、反应时、焦虑、抑郁指标参考正常值进行百分制赋分。青少年体质健康预警采用三级预警机制，即单项指标预警、2 级橙色预警和 1 级红色预警。

总之，青少年体质健康预警机制不仅具有评价功能，同时也具有预警与监控功能，并提供青少年个体健康亟待改善的关键信息，医院可以主动向学校、家长和社区发布预警，配合学校、家长、社区引导青少年改善营养，保证睡眠，形成健康的生活方式，实施科学锻炼，以提高青少年体质健康服务水平。

三、加强青少年体质健康管理

（一）加强青少年体质健康管理的必要性

随着社会经济发展，青少年的行为和生活方式已经发生了巨大变化。由于营养改善，青少年身体形态发育水平不断提高，但体力活动不足导致青少年体质持续下降，如肺活量、耐力、速度、灵敏、柔韧均呈下降趋势，尤其是力量素质下降明显。同时，青少年肥胖、视力不良检出率持续攀升，部分学生还存在焦虑、抑郁等不良情绪。因此，现如今必须要加强青少年的体质健康管理。

（二）加强青少年体质健康管理的意义

一是青少年的体质健康管理关系到青少年的发展。青少年的体质好坏关系到个体的发育与成长，关系到青少年的学业水平与生活质量，也关系到家庭的幸福与和谐。

二是青少年的体质健康管理关系到我国的经济建设。我国改革开放的成果初步显现，目前正处在经济社会发展的关键时期，青少年是未来建设社会主义强国的生力军,其体质的好坏关系到我国未来的经济社会发展。

三是青少年的体质健康管理关系到我国的国防建设。青少年是未来国防建设的主力军,青少年体质健康问题关系到我国国防建设问题,甚至关系到国家安全。

四是青少年的体质健康管理有利于减轻政府和社会的经济负担。青少年如果体质差,就容易产生各种疾病,尤其是慢性非传染性疾病,给政府造成很大的财政压力。因此,加强青少年体质健康管理,提前进行健康预警,将有助于减轻政府和整个社会的经济负担。

五是青少年的体质健康管理是教育事业稳步发展的必由之路。提升青少年体质需要教育部门发挥监管职能,加大青少年体质健康管理的力度,引导学校重视健康管理,探索更多行之有效的健康管理方案。

(三)青少年体质健康管理的主要内容

一是医院要广泛收集并整理与青少年体质健康有关的信息,对信息进行分析,及时发现信息中隐藏的青少年健康问题,从心理、生理、生活方式等方面全面剖析。有了信息支撑,随后的青少年体质健康管理评价和干预也就有了资料支撑。

二是学校可以通过讲座等方式定期进行健康知识普及,并向学生传授一定的提升体质的技能,帮助其形成健康管理的意识。

三是定期进行检测,主要检测健康管理的相关指标,如视力、听力、血压、脊柱状态等,通过直观数据更便于了解青少年体质状况,从而有针对性地进行健康管理。

四是对青少年体质健康状态定期进行评价,并基于科学手段对青少年体质健康的发展趋势进行预测,为随后的体质健康管理提供警示和参考,也让青少年群体对自身体质状况有所了解。

五是针对青少年体质健康的主要问题与发展趋势进行规划、干预,具体而言,包括跟踪检测、体质健康评选、电话回访等方式,还应对影响青少年体质健康的危险因素实施分类指导。

四、加强青少年运动风险评估

青少年运动风险评估是指对青少年运动风险事件出现的概率及其后果,采用定量与定性相结合的方式进行评价,推断风险的大小、识别危险因素、实施风险管控。青少年运动风险评估的流程包括运动风险因素识别、运动风险因素评价、运动风险结果分析、运动风险管控四个过程。

(一)运动性心血管疾病风险评估

1. 年龄

30岁以下的年轻个体发生心源性猝死风险极低,心血管疾病的发生率也很低。年轻运动员猝死主要是先天性疾病和遗传缺陷导致,偶尔有运动量过大或强度过大诱发急性心力衰竭或严重心律失常而造成猝死。中老年人群,由于高血压、冠心病发病率高,所以风险较高。

2. 强度

健康个体在进行运动时一般不会诱发心脏病。患有心血管疾病的人,在较大强度体力活动或运动时心脏性猝死或心肌梗死发生风险会快速上升。为了防范与运动有关的心血管疾病的发生,青少年在运动前应该在专业人员的指导下进行健康筛查。筛查程序如下图5-1[①]所示。

①运动习惯:每周至少3天、每天30分钟,中等强度的、有计划的、系统性的体力活动,持续3个月以上。

②心血管(CV)疾病:心脏、外周血管或脑血管疾病。

③代谢性疾病:Ⅰ型和Ⅱ型糖尿病。

④症状和体征:安静或活动时出现的身体症状,包括疼痛、脚踝水肿、心悸或心动过速、间歇性跛脚,可能由缺血引起的胸、颈、下颌、手臂或其他部位的不适,安静或轻度用力时呼吸困难、眩晕或晕厥,端坐呼吸或夜间阵发性呼吸困难,确诊的心脏杂音,常规运动时出现异常疲劳或

---

① 冯连世. 运动处方[M]. 北京:高等教育出版社,2020:102.

呼吸困难等。

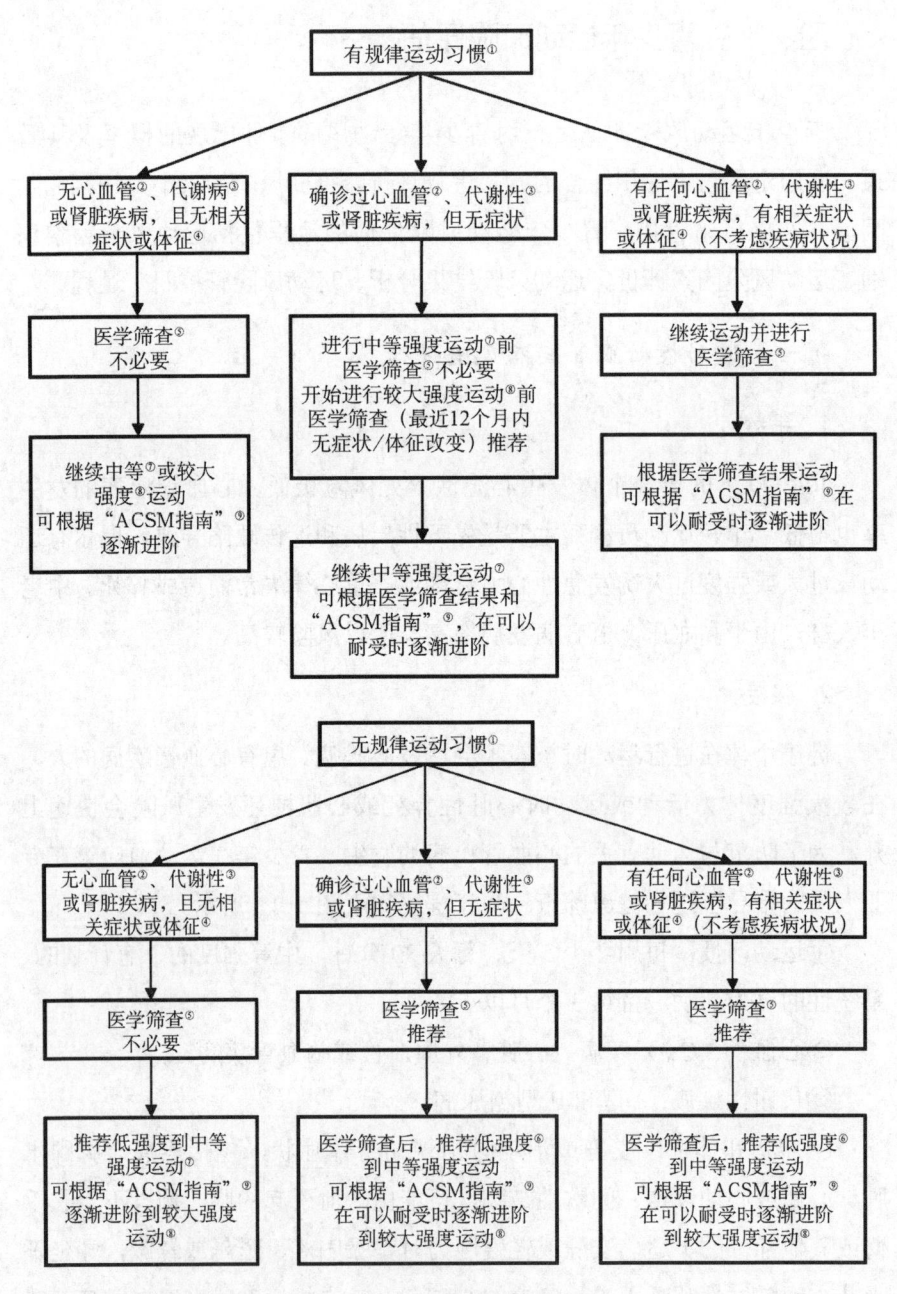

```
                              ┌─────────────────┐
                              │  有规律运动习惯①  │
                              └─────────────────┘
              ┌───────────────────────┼───────────────────────┐
   ┌──────────────────┐    ┌──────────────────┐    ┌──────────────────┐
   │ 无心血管②、代谢病③  │    │ 确诊过心血管②、代谢性③│    │ 有任何心血管②、代谢性③│
   │ 或肾脏疾病,且无相关  │    │ 或肾脏疾病,但无症状 │    │ 或肾脏疾病,有相关症状│
   │ 症状或体征④        │    │                 │    │ 或体征④(不考虑疾病状况)│
   └──────────────────┘    └──────────────────┘    └──────────────────┘
            │                       │                       │
   ┌──────────────────┐    ┌──────────────────┐    ┌──────────────────┐
   │ 医学筛查⑤         │    │ 进行中等强度运动⑦前│    │ 继续运动并进行     │
   │ 不必要            │    │ 医学筛查⑤不必要    │    │ 医学筛查⑤         │
   └──────────────────┘    │ 开始进行较大强度运动⑧前│    └──────────────────┘
            │              │ 医学筛查(最近12个月内│             │
   ┌──────────────────┐    │ 无症状/体征改变)推荐 │    ┌──────────────────┐
   │ 继续中等⑦或较大    │    └──────────────────┘    │ 根据医学筛查结果运动│
   │ 强度⑧运动         │             │              │ 可根据"ACSM指南"⑨在│
   │ 可根据"ACSM指南"⑨ │    ┌──────────────────┐    │ 可以耐受时逐渐进阶  │
   │ 逐渐进阶          │    │ 继续中等强度运动⑦  │    └──────────────────┘
   └──────────────────┘    │ 可根据医学筛查结果和 │
                           │ "ACSM指南"⑨,在可以  │
                           │ 耐受时逐渐进阶      │
                           └──────────────────┘

                              ┌─────────────────┐
                              │  无规律运动习惯①  │
                              └─────────────────┘
              ┌───────────────────────┼───────────────────────┐
   ┌──────────────────┐    ┌──────────────────┐    ┌──────────────────┐
   │ 无心血管②、代谢性③ │    │ 确诊过心血管②、代谢性③│    │ 有任何心血管②、代谢性③│
   │ 或肾脏疾病,且无相  │    │ 或肾脏疾病,但无症状 │    │ 或肾脏疾病,有相关症状│
   │ 关症状或体征④     │    │                 │    │ 或体征④(不考虑疾病状况)│
   └──────────────────┘    └──────────────────┘    └──────────────────┘
            │                       │                       │
   ┌──────────────────┐    ┌──────────────────┐    ┌──────────────────┐
   │ 医学筛查⑤         │    │ 医学筛查⑤         │    │ 医学筛查⑤         │
   │ 不必要            │    │ 推荐              │    │ 推荐              │
   └──────────────────┘    └──────────────────┘    └──────────────────┘
            │                       │                       │
   ┌──────────────────┐    ┌──────────────────┐    ┌──────────────────┐
   │ 推荐低强度到中等   │    │ 医学筛查后,推荐低强度⑥│    │ 医学筛查后,推荐低强度⑥│
   │ 强度运动⑦         │    │ 到中等强度运动     │    │ 到中等强度运动     │
   │ 可根据"ACSM指南"⑨ │    │ 可根据"ACSM指南"⑨ │    │ 可根据"ACSM指南"⑨ │
   │ 逐渐进阶到较大强度 │    │ 在可以耐受时逐渐进阶│    │ 在可以耐受时逐渐进阶│
   │ 运动⑧            │    │ 到较大强度运动⑧    │    │ 到较大强度运动⑧    │
   └──────────────────┘    └──────────────────┘    └──────────────────┘
```

图 5-1　ACSM 运动前健康筛查程序

⑤医学筛查:专业健康管理机构提供的运动许可证明。

⑥低强度运动：30%～39%HRR；2～2.9METs，RPE9～11，心率和呼吸略加快。

⑦中等强度运动：40%～59%HRR；3～5.9METs，RPE12～13，心率和呼吸明显加快。

⑧较大强度运动：≥60%HRR；≥6METs，RPE≥14，心率和呼吸显著加快。

⑨详见《ACSM运动测试与运动处方指南》。

（二）运动损伤风险评估

青少年运动损伤风险评估是指对青少年在进行体育运动过程中，发生运动损伤的概率及其后果进行评价，推断损伤风险大小、识别危险因素、实施风险管控。青少年的运动损伤风险评估一般采用体质健康评估和功能性动作筛查的方法。

1. 体质健康评估

一般认为，运动损伤的发生与柔韧素质、肌肉力量、肌肉耐力、运动强度、持续时间等因素有关。柔韧素质的评价可以采用坐位体前屈、双手背勾试验、关节活动度测试等方式进行。肌肉力量的评价一般采用1RM测试的方式进行。肌肉耐力的评价采用肌肉在一定时间内完成重复收缩指疲劳的次数，或保持1RM特定百分比的持续时间来衡量，如俯卧撑、YMCA卧推、30秒蹲起等。

2. 功能性动作筛查

功能性动作筛查可以为青少年提供个性化的动作诊断，以判断是否具有基本的运动能力。若诊断为低质量动作模式，可以采用改善运动表现来减少或预防运动损伤的发生。

（三）运动性病症风险评估

1. 医学检查

青少年若出现感冒、发热、头痛、胸闷、心悸、无力、头晕等症状，应暂停运动,进行医学检查,如血常规、尿常规、心电图、心肌酶等。

2. 运动环境温度、湿度评估

若环境温度高于 30℃、空气湿度大于 60%,易导致中暑,青少年不适宜进行户外运动。若环境温度低于 -5℃,青少年不宜进行户外跑步。

五、配合运动处方师制订运动处方

运动处方的制订与实施包括了解青少年的基本信息、确定运动处方的目的、测试与评定、制定运动处方、指导实施处方、监督执行情况、定期调整处方 7 个阶段。在制订运动处方之前,一定要通过询问、问卷调查、医学检查、体适能测试等途径,了解青少年的体能和健康状况,并进行危险分层。这部分工作可由体育教师、家长、医生、运动处方师共同完成。实施运动处方时也需要医务人员做好安全保障措施,且身体康复运动处方还需医务人员进行运动处方的效果评价。

第四节　社会干预青少年体质健康的实施策略

青少年的体质健康影响着我国教育和社会经济的发展,因而提高青少年体质也需要社会大环境的干预。要鼓励社会广泛关注青少年健康问题,团结社会各领域的力量,采取有效的干预措施,共同提高青少年体质健康水平。总的来说,从社会层面来看,增强青少年体质的干预路径包括以下几个。

一、增强体育教育意识

升学压力使家长、教师都将学科分数视为评价学生优劣的主要指标,相较于体育教育，学校与家庭更关注主要的学科知识教育，这就导致我国对学生体质健康的关注度不够，学生体质日渐下降。要改变这一现象，必须走出认识误区，树立正确的教育意识，让学校、家庭和社会都对体质健康的重要性有深入认知，明确体育教育在教育体系中的作用，从而增强体育教育意识。首先，要明确家庭体育是青少年终身体育的起点与终点，提高家长的体育意识，组织家庭成员开展体育活动，保证体育锻炼的主阵地从学校延伸至家庭，从具有目的性的、功利的体育锻炼进入非功利性的、自发的体育锻炼阶段。其次，社会要认识到青少年的学习主体性，充分激发他们的主观能动性，增强他们的体育锻炼兴趣，鼓励其积极参加体育锻炼。

二、创设体育健身氛围

社会各界可以从以下几个方面为青少年学生创设良好的体育健身氛围：第一，社会各界应合力创造良好的网络文化环境。网络能为青少年提供自主学习、获取文化知识的途径，也能给其带来一定的负面影响，如网络游戏、不良网络信息等。社会各界可以通过网络为青少年提供丰富的体育文化知识，唤起其运动热情，让其离开屏幕，用富有趣味性的体育竞赛活动取代网络游戏，将课余时间更多地用在运动、锻炼上。

第二，社会各界可以利用体育传媒（体育节目）来熏陶青少年，帮助其树立体育健身意识。体育节目举办单位可以经常组织青少年观看体育赛事、体育新闻。例如，一些可以承办大型体育赛事的单位可以给青少年发放优惠入场券，尽可能地让他们参与活动。另外，体育节目举办单位还要加强与学校的合作，帮助青少年了解体育、喜欢体育、参与体育，最终帮助他们提高体质健康水平。

第三，改变青少年家庭对体育锻炼的认识。社会各界要对家长进行多方位的宣传，使家长建立体育锻炼意识，从而支持青少年参与体育锻炼，培育体育价值观。

三、加强体质健康管理

（一）设立专门管理机构

为加强体质健康管理，社会中可以先设立专门的管理机构，形成完备的管理流程，通过完善的、系统的管理来监督并落实增强青少年体质健康的目标。具体来说，一个管理机构应当包括以下三部分。

1. 主管领导

主管领导主要职责是统领全局，这一职位一般由负责青少年工作的管理者担任。管理者不仅要对体质健康管理工作有全面了解，还要对青少年的体质健康管理状况进行综合把握，为管理工作设定目标，并引导其他部门合作实现该目标。

2. 执行机构

执行机构顾名思义就是负责实施体质健康管理各项工作，将管理落到实处。执行机构可以专门组建，也可以由体质健康研究室兼任。执行机构要遵循管理计划来一一落实管理工作，朝着体质健康管理的最终目标努力。

3. 合作部门

体质健康管理涉及多项工作内容，需要与其他部门相互合作，这些部门统称为合作部门。通过合作能最大限度地调动社会资源，形成社会合力，广泛开展体质健康教育，提供更全面的体质健康服务。

（二）制定相关管理制度

体质健康管理还需要一定的制度保障，因此要制定相关管理制度，规范管理工作，依据具体情况及时对管理制度进行调整，确保体质健康管理的顺利推进。

1. 完善体质健康管理的相关法规

目前，我国制定了学校伤害事故处理办法，对校园中的体育运动风险提供了处理意见，但主要是供以参考，并不具备实质法律效应。关于健康管理中存在的风险，国家应当出台相应法规，明确责任制度，避免后续学校和家长因健康管理风险而产生不必要的法律纠纷。

2. 制订体质健康管理方案

明确的方案能为体质健康管理的实施指明方向，有关部门要根据学校体质健康管理现状制订目标明确、可落到实处的管理方案，充分考虑学校和学生的需求，按需规划、清晰明确。

3. 为体质健康管理提供资金支持

体质健康管理的实施需要资金支持，相关部门应为其设立专项资金，帮助学校体质健康管理工作的顺利推进。有了资金支持，相关研究才能深入开展；有了资金支持，更能调动学校和学生开展体质健康管理的积极性。

（三）构建网络服务平台

随着网络技术的不断发展，体质健康管理不再只依靠人力进行，相较于庞大的青少年群体，体质健康管理人员的数量显然极度匮乏，但网络技术和数字校园为新时期的体质健康管理提供了技术支持，让管理网络化、便捷化、普及化。具体来说，就是借助网络技术构建体质健康网络管理服务平台，使健康测试、评估、干预和咨询都可以在网络平台完成，还能借助网络将各大环节的信息统一起来，将全国各地信息进行汇总，便于后续的研究、交流。服务平台的构建还能解决管理难、数据庞大等问题，将数据上传网络平台，形成专业的数据资源库，就能轻松实现数据的智能化管理，节省大量人力。如今，数据的录入形式更为多元，不仅可以通过电脑录入、智能手机录入，还能批量录入，大大简化了管理工作，让管理更为便捷、高效，为青少年提供更全面、更迅速的健康管理服务。

四、重建大健康体系

随着人们健康意识逐渐形成,对体质健康的关注也更为密切,加之污染日益严重、生活与工作压力剧增,人们的健康危机已然显现,对各类生命健康服务的需求也在不断增加。就现阶段而言,我国的健康服务主要还处于简单的医疗卫生服务模式,尚未建立大健康体系。现阶段的医疗卫生服务就是"有病看病、无病查体",而所谓的大健康体系则要覆盖整个生命周期,包含生命、健康、疾病处理等内容。现代人面临的健康问题仅依靠简单的医疗卫生服务模式是难以解决的,只有重建覆盖内容全面、涵盖广泛的大健康体系,才能从根本上改善健康服务质量,为现代人提供全面的、有保障的健康服务。

具体来说,重建大健康体系可以从政策体系、学科体系和产业体系三方面着手,使社会多主体积极参与,形成合力,共同提升包括青少年在内的国民体质。

(一)大健康政策体系的构建

自中华人民共和国成立以来,我国关于医疗卫生制度体系的建设主要着眼于西医,医疗一度成为健康的代名词,即使是在出台的制度和法律中也是如此。无论是社区医院还是社区卫生服务中心的医疗卫生体系都只关注西医,西医防病治病成为我国现有医疗卫生体系和健康保障制度的主体,其主要任务就是抢救和保卫生命。通过这一现象可以看出,我国的医疗健康问题一直处于被动状态,得病则救治,忽视了人们的日常健康维护,没能从养生保健的角度提前关注疾病预防、健康维护,导致国家和人民都未意识到医养强生的重要意义。

我国将医疗卫生保障与健康保障视为同一内容,并基于此,以西医为主对医学体系进行改革,这种划分显然是不正确的。医疗卫生保障体系并不等同于健康保障体系,医疗卫生只是大健康政策体系中的一部分,医疗卫生保障强调以西医为主的医疗系统,大健康政策体系则覆盖日常养生保健、病时医疗救治、病后医养康复全过程，是一个系统、全面的保障体系。因此，要重建大健康政策体系就要补齐缺失部分，构建完整的、有可操作性的体系。

重建大健康政策体系必须树立与时俱进的理念，不能一味地以医疗卫生制度为统领而进行制度设计，要从制度层面对一切有关人类健康的行业进行归类。以我国的医疗政策为例，我国医疗政策制度一直以西医为主、中医为辅，中医仅作为辅助手段，虽然政策中包含中医因素，但基本处于边缘化状态，不受重视。这使得人们对中医的重要性缺少认知，中医强大的强身保健、防病养生的功效也无处发挥。中医与西医的治疗理念截然不同，中医不仅能用于病中治疗，还能用来提前防治和病后调理，但这些优势都没在当前的医疗体系中得到重视。因此，要从政策上进行改革，体现中医在大健康体系中的独特价值。

（二）大健康学科体系的构建

现代医学对健康的理解大多围绕疾病这一视角出发，因为医学研究更关注疾病治疗，即通过治疗疾病来保卫健康。原有的医学理论将防病与治病割裂开，分别采取不同的应对措施，这也影响了人们对健康的认知，大部分人未能对人体健康维护形成全面认知，始终处于被动状态，因而系统的健康学科理论体系也无法形成，进一步影响着相关学科建设。药品研发和医疗技术研究成为学科重点，人才培养模式却不够系统、完善。因此，要构建大健康体系就要对健康学科理论体系进行补充、更新，探索人才培养新模式，为大健康体系提供稳固的学科基础。

完善大健康政策体系后，就要对学科体系展开研究。构建大健康学科体系的主要目标是培养健康人才，在构建学科体系之前，首先要明确此处的大健康学科体系不等同于现代疾病医学学科体系，大健康学科体系是在大健康政策体系基础上发展起来的，为大健康政策体系服务的新型学科理念。建设学科体系首先要在原有的基础上进行扩充和创新，对学科内容进一步完善，让研究更为全面、深入，满足大健康政策体系的构建需求。其次，要注重人才培养，创新人才培养模式，不只是着眼于培养医生，还要培养一些健康建设人才和健康管理人才，为我国健康产业和健康事业的发展提供人才保障，不断完善大健康政策体系。

（三）大健康产业体系的构建

大健康产业体系涵盖广泛，一切与健康事业有关的产业都可以纳入大健康产业体系范畴。构建大健康产业体系，首先要全面了解其产业体系的构成，制定产业结构标准，并对大健康产业的具体发展方向与发展策略有所规划。目前，大健康产业主要是市场和资本在主导，这种发展显然是混乱且盲目的，且健康产业与医疗事业的关系尚未明确，健康产业是否要纳入医疗事业还存在争议。一些学者认为，若将健康产业纳入医疗事业，则会将医疗卷入产业化、商业化旋涡，可能引发更多问题。另一些学者认为，健康产业的持续发展需要政府发力，政府要取代市场和资本，在产业发展中起主导作用，克服当前发展盲目、混乱等问题。

发展大健康产业，应制定全局战略、创新战略与长远战略。从思想上来说，传统思维显然并不适应大健康产业体系，因而要转变思维，与时俱进，坚持产业思维、金融资本思维、互联网思维。从产业链上来看，要打造完整的产业链，形成产业集群，从而使产业价值不断提升。在人才培养方面，要建设高水平的大健康专业院校，培养大健康领域的复合型人才。

综上所述，只有建立并完善包含政策、学科、产业在内的三位一体大健康体系，且正常运行，才能进一步保障青少年的健康，保障全体国民的健康。

第五节 "四位一体"模式的构建

提升青少年体质健康是一个开放的社会活动，仅依靠学校的封闭管理是远远不够的。体育教育不能孤立地在学校进行，社会、家庭、医院都应参与其中，形成一条从学校体育教育出发，由家庭、医院、社会共同提供外部环境保障的开放路径。国家应调动各方力量,在家庭、学校、医院、社会的共同努力下形成合力,在不同主体的相互促进、相互合作中持续推进青少年体质健康水平的提升,构建"四位一体"模式。本章即着眼于家庭、学校、医院、社会"四位一体"模式,探索具体的构建路径。

一、构建家庭、学校、医院、社会"四位一体"模式的必要性

便携智能终端设备与APP的过度使用、生活方式的改变、学业压力等导致众多青少年体力活动日益减少,体质每况愈下,青少年体质的修复问题愈显迫切。构建家庭、学校、医院、社会"四位一体"模式是实现终身体育目标的需要,是全面实施素质教育的需要,是推进学校体育改革的需要,更是建设"健康中国"的需要。总之,新时代想要青少年体质健康发展,构建家庭、学校、医院、社会"四位一体"模式是十分必要的。

(一)实现终身体育目标的需要

终身体育是指一个人终身主动接受体育指导、教育,参加体育锻炼。终身体育包括两大阶段:第一阶段是指青少年在校期间积极参与体育锻炼,学习体育相关知识,养成体育锻炼的习惯并坚持下去。离开校园走进社会是第二阶段,这一阶段青少年脱离了学生的身份,要面临巨大的社会压力和工作压力,此时仍要延续在校期间养成的锻炼习惯,主动进行运动和锻炼。终身体育的难点在于青少年能否将锻炼意识与锻炼习惯延续到第二阶段并持续保持,这需要强大的意识支撑,具体来说,这种意识的培养不是一蹴而就的,也不能只依靠学校和受教育者自己,而是需要家庭、学校、医院和社会的共同参与,四者并驾齐驱,互相协调,共同促进青少年终身体育意识的养成,并对其人生产生持续影响。

家庭、学校、医院和社会是实现终身体育目标的重要组成部分,它们既是具有相对独立性的个体,有不同的发展阶段,并发挥着不同作用,又是相互补充、相互合作的整体,四者的协调发展、共同合作才能有效推动

青少年终身体育意识的养成。

家庭是终身体育的起点与终点，对青少年的成长发育、体质健康产生着巨大影响；学校是终身体育意识养成的重要地点，学校体育能让青少年了解体育知识、学习运动技能，激发其运动兴趣，为其今后的锻炼奠定基础；社会是终身体育意识延续的和扩展的场所，进入社会，个体就具有更多的自主性，不再受到学校体育教学的束缚，可以根据自身喜好和需求自由选择体育锻炼的方式。在青少年健康管理、医学检查，以及疾病和损伤的体育康复方面，医院是贯穿于学校、家庭、社会三个阶段全过程的。总之，以上四者是相互联系的、具有系统性的整体，贯穿青少年成长始末，它们都致力于维护青少年身心健康，助其养成体育锻炼意识，进而使青少年的生活品质、生命质量得到提高。

（二）全面实施素质教育的需要

随着教育改革持续推进，素质教育已逐渐取代应试教育，成为我国教育发展的新方向。素质教育注重全面发展，包括身体、心理、思想道德、科学文化、生活技能等。身体与心理素质教育是素质教育推进的基础，体育锻炼是提高身体与心理素质的重要渠道，家庭体育、学校体育和社会体育三者共同发力，能有效推动青少年身体素质的提升，维护其心理健康。具体而言，家庭体育、学校体育与社会体育能帮助青少年全面认识体育锻炼的意义，助其树立终身体育意识，并在体育运动中对其心理结构形成潜移默化的影响，使其建立健康、乐观、积极向上的"三观"，进而为推进其他方面的素质教育奠定基础。

尤其是学校体育，在全面实施素质教育过程中扮演着无可替代的角色，它是提升学生身体素质的主渠道，引导着家庭体育、社会体育共同形成体育教育合力，为体育教育的推进指明方向。三者依托医疗预警与保障制度广泛开展体育教育，形成"四位一体"的教育格局。

（三）学校体育改革的需要

近年来，党中央、国务院高度重视学校体育，一系列政策的出台加快了学校体育的改革进程，虽然学校体育工作获得了一些新进展，但同时也有许多问题暴露了出来。解决这些问题仅依靠学校这一主体是远远不够的，必须汇聚学校、家庭、医院和社会四大主体的力量，共同推进改革，走出当前困境。

家庭是青少年的重要成长场所，离开学校，青少年的大部分时间都是在家里度过，因而家庭也是维护青少年健康成长的主阵地，家庭成员的健康意识和运动习惯会对青少年产生潜移默化的影响。青少年在学校体育课上学习到的体育技能，若在放学后得不到家长正确的引导、督促练习，会给学生良好的体育锻炼习惯的养成增加难度。家长要意识到家庭在学校体育改革中发挥的作用，积极配合学校工作，在学生返回家中后对学校提出的校外体育锻炼要求予以实施，监督学生离校后的体育锻炼，并及时与学校沟通，在咨询体育教师意见后对学生的锻炼进行指导。当然，家长还要及时向校方反馈锻炼进度，让学校了解学生课后锻炼情况，通过课内外合作共同促进学生健康发展，改善其体质状况。

社会能为学校体育改革提供助力，营造体育锻炼氛围，打造良好的体育锻炼环境。社区是社会管理的基本单位，它也是学校体育改革的重要场所。社区能为青少年提供课外体育锻炼的机会和场地，能联合学校和家庭组织一些体育锻炼活动，为青少年提供公共体育服务，促进其健康成长。不管在哪个阶段和场景，青少年的身体发育、体质健康状况出现异常，或出现运动损伤等情况，应该尽快寻求医院专业人员的帮助，进行适当的检查和治疗。全民健身的大环境为学校体育改革提供了必要的条件和良好的社会氛围，也使学校的体育功能得到了有效的延伸。

二、构建家庭、学校、医院、社会"四位一体"模式的可行性

家庭、学校、医院、社区在青少年健康促进方面目标的一致性、体育作用的交互性和体育资源的互补性，是家庭、学校、医院、社会"四位一体"模式得以构建的前提条件。

（一）家庭、学校、医院和社区在青少年健康促进方面目标的一致性

家庭体育没有特定的内容、时间和教学目标限定，主要目的是培养学生的运动兴趣，借助体育锻炼释放学业压力，同时丰富课余生活，提高家庭成员的黏性，创造积极和谐的家庭氛围。学校体育是帮助学生了解体育知识、掌握一定运动技能的课程，有助于增强学生体魄，维护其身心健康发展，为社会培养出全面发展的人才。新时代，医院的职能发生转变，从以疾病治疗为中心转变为以健康促进为中心，从治病到无病，从治病到健康管理。医院是监督、保障、促进青少年健康的重要场所。社区体育的特点是涵盖范围广、参与面广，作为社区休闲活动，深受社区居民喜爱。社区体育能为居民提供集体休闲娱乐活动，调动居民共同参与，在增强居民体质的同时，还能改善其生活质量，使其通过体育运动获得更多生活趣味。社区也能面向青少年，组织青少年开展社区竞赛，为青少年体育锻炼提供场地、器材等支持。

总的来说，学校、家庭、医院和社区作为青少年健康促进的"四驾马车"，在社会生活中扮演的角色虽各不相同，但在提高青少年体质健康方面，它们能形成合力，朝着同一个目标前进——促进青少年健康成长，让其通过体育锻炼获得强健的体魄和健康的心理，为其今后的发展奠定基础。

（二）学校体育、家庭体育、医疗体育和社区体育作用的交互性

学校体育是青少年学习体育知识、习得体育技能的主要场所，是其身心健康发展的重要保障；家庭体育是对学校体育的延伸，青少年可以将所学知识运用到家庭体育锻炼中，家庭则可以为其提供锻炼支持，如物质支持和资金支持；医疗对青少年健康不仅具有监控、预警和保障的作用，医疗体育同样也是健康促进的重要途径；社区体育扩大了体育教育的范围，通过开展各种社区体育竞赛活动，不仅能维护良好的邻里关系，还能调动青少年的参与热情。在推进体育教育过程中，四者形成了交互关系，学校

为青少年提供体育技术教学和体育专业指导；家庭在学校体育教育基础上进行再教育，是对学校体育的延伸；社区体育将各个家庭串联起来，在学校体育教育的指导下开展社区体育活动；医疗则为学校体育、家庭体育与社区体育的推进提供保障和预警，四者相辅相成，缺一不可。

（三）学校体育、家庭体育、医疗体育和社区体育资源的互补性

学校体育的优势是有专业的体育教师，还提供了运动器材和运动场地，能为青少年体育运动提供技术指导和场地设施支持，但学校教育经费有限，在体育教学上投入的资金相对不足。医疗体育方面，经费较为充裕，医疗体育的器材、设备、康复技术等较为专业。家庭体育和社区体育的发展虽在专业的技术指导和体育场地设施方面不及学校、医院，但家庭和社区在资金和资源方面更有优势。总之，四者各具优势，也存在各自的不足，将它们整合起来，可以实现资源互补，最大程度发挥各自的优势。

就学校而言，可开放场地器材，并组织体育教师为家庭和社区体育活动提供专业指导；就家庭和社区来看，可以为学校体育发展提供一些人力、物力支持；从医院来看，医院可以为学校、家庭和社区提供指导，对相关人员进行培训，为青少年体育锻炼提供安全保障。综上，资源互补不仅能提高资源利用率，实现资源合理分布，还能丰富家庭、学校、医院、社区"四位一体"的体育理念。

三、构建家庭、学校、医院、社会"四位一体"青少年健康促进模式的主要路径

构建家庭、学校、医院、社会"四位一体"青少年健康促进模式是一项复杂的系统工程，需要从搭建模式框架、创建数据平台、明确责任归属等方面着手，借助家庭、学校、医院与社会的多重力量，从而推动"四位一体"模式顺利实施。

（一）"四位一体"青少年健康促进模式的基本框架

"四位一体"青少年健康促进模式以青少年体质健康为核心，通过体育和医疗两条线，以家庭和社区为基本环境，整合家庭、学校、医院、社区的资源，使家庭、学校、医院、社区能够相互协作、相互配合，共同解决青少年体质问题的健康促进模式（图5-2）。

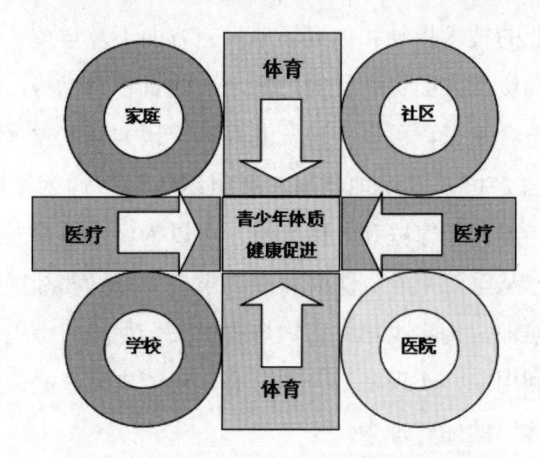

"四位一体"青少年健康促进模式包括宣传招募、检测、诊断筛分、干预方案制定、干预实施、反馈随访等环节。该模式涉及的社区、医院、学校属于不同机构，隶属于不同政府部门管理，要缓解青少年体质下降等问题，就需要以上机构建立横向管理关系，以便于合作发展。

图5-2 "四位一体"青少年健康促进模式

（二）搭建体质健康互联网大数据平台

互联网技术的发展让信息传播的途径被扩宽，传播速度也大大提升，其改变了人们获取信息的方式，影响着人们生活的各个方面，也为体育健康教育的推进提供了更多便利。

学校每年会对学生进行体质健康检测，这是教育部门对学校下达的规定任务，而体质健康检测对人力、物力、财力的耗费较大，且测试中还会受到人为因素的影响，导致数据结果不真实。大数据为体质测试工作提供了技术支持，大大降低了测试过程中人力、财力、物力的消耗。具体来说,大数据技术能对学生进行实时监测,打破了传统测试方式在时间和地点上的限制,还能将收集到的数据上传,汇总成庞大的数据资源,便于后期下载查询。此外,大数据技术还能有效排除人为干扰因素,保证数据的客观性和真实性。

互联网技术为获取和统计学生体质健康数据提供了便利,大数据技术还能对统计的信息进行分析,并对多个数据平台进行综合管理,以便家庭、学校、医院和社区对学生的体质健康进行监管。例如,可以利用互联网技术搭建学生体质健康管理的网络平台,用于反映学生体质健康状况与变化趋势,这个平台是相对开放的,可以由家庭、学校、医院和社区共同参与。网络平台分工明确,一般来说,平台开发由专业技术团队负责,能对数据进行综合管理;运动健康相关专家可以为平台提供专业处方数据,根据青少年的体质状况制定具有普适性的运动处方供学校和家长参考;学校则是青少年体质健康数据的主要提供者,应收集学生的体质测试数据上传网络平台,便于统一管理;智能网络平台在获取了以上数据和资料支持后,能根据青少年的体质状况形成个性化的体育运动指导方案;家长可以通过平台查询所需内容,以平台提供的运动方案为依据,协助学校体育教师一起督促学生进行体育锻炼,提升其身体素质。

(三)明确学校体育伤害事故责任归属

学校体育伤害事故是学校体育活动的潜在风险,与体育教学是相生相伴的,虽然专业指导能大大减少伤害事故的发生,但其潜在的危险性是无法完全消除的,因而出现学生受伤等情况也是无法避免的。体育教育的意义重大,不能因为潜在危险就放弃体育教育,要推进学校体育教育就要明确伤害事故产生后的责任归属,给学校提供一些保障。

处理学校体育伤害事故要先确定事故产生的原因,基于产生原因明确责任归属方,再依据相关规定进行处理,确定各方应承担的责任。目前,学校处理学校体育伤害事故可以参考《学生伤害事故处理办法》《学校体育运动伤害风险防控管理办法》等,但还没有出台专门针对学校体育伤害事故的法律,法律法规缺失无法为事故各方提供有效的法律保障,也为学校实施体育教育带来了更多顾虑。[①]

学校体育伤害事故一般由以下五种因素引发：人、物、社会、管理和综合因素，责任归属方主要有学校、学生、第三方、多方共同承担以及由于不可抗拒因素造成的责任五种形式。要明确责任归属，还需要将教育行政管理部门纳入考量范畴，明确教育行政部门在学校体育伤害事故中担任主要责任，并引入相关保险制度，分散风险，降低校方和家庭承担风险的压力，让学校体育教育顺利推进。

（四）建立"四位一体"多方共育的体育家庭作业制度

体育课堂教学时间是相对有限的，要巩固所学内容就要在课后花些功夫。体育家庭作业制度能引导青少年养成课后锻炼的习惯，主动参与锻炼，是对体育课堂教学内容的完善和补充。

体育家庭作业会随着青少年的学习进度、身体变化而不断调整。体育家庭作业制度的实施还需要一些辅助工作，如监督和测试。其中，监督有利于督促青少年进行体育锻炼，确保其认真完成体育家庭作业；测试就是定期对锻炼效果进行检查并给出评价，为随后体育家庭作业的完善和改进提供参考，使体育锻炼的效果更为显著。需要注意，体育家庭作业不只是学生完成并反馈完成效果的单向过程，它还伴随着教师、家长对学生锻炼成果的评价，简言之，体育家庭作业的实施过程也是双向反馈的过程。因此，家长在督促学生完成锻炼任务后，要及时对锻炼中的问题进行总结，教师也要制定家庭作业记录本，把学生的体育家庭作业完成情况记录下来，定期与家长和学生沟通，主要讨论上一阶段的完成情况和锻炼效果，并根据学生与家长意见，结合上一阶段的效果来制定下一阶段的作业任务。医院、社区要承担起青少年的医学检查、健康预警、运动安全保障等责任。社区在体育家庭作业制度中充当着提供活动场地、策划集体体育活动的组织者角色，必要时，社区还应邀请专业人员提供体育指导。总之，社区为青少年创设了集体体育活动环境，营造了浓厚的运动氛围，也是实

---

① 韩会君. 青少年体质健康促进的探索与实践 [M]. 广州：暨南大学出版社，2021：130.

施体育家庭作业制度时不可缺少的外部支持。

总的来说，体育家庭作业制度的实施需要多方参与，共同为青少年体育锻炼创设良好的环境，在体育家庭作业实施中发挥监督、测试的作用，引导青少年形成终身体育的意识。

（五）制定"四位一体"的个性化运动处方

20世纪50年代，美国生理学家卡波维奇提出运动处方概念。20世纪60年代，这一概念受到广泛重视。1969年，该运动处方被世界卫生组织作为术语使用，并在国际上得到认可。

1. 运动处方的概念

运动处方是康复师通过一系列医学检查，对体育锻炼者的体力、健康状况、心血管功能等进行检测与了解，并基于检查结果出具医学处方，指导其科学锻炼。具体来说，处方会对检查对象的运动强度、运动时间、运动项目等提出建议，并对运动中的注意事项进行普及，针对个体状况制定运动目标，为检查对象制定系统的锻炼方案。

2. 运动处方的特点

（1）系统化：运动处方涉及的内容是系统、全面的，如前所述，涵盖锻炼强度、项目、时长、目标等一系列内容。

（2）个体化：针对每个人的年龄、健康状态、体力活动现状、有无疾病或危险因素等具体情况，综合判断制定运动处方。

（3）安全有效：处方是基于科学的检测结果开具的运动方案，是在专业人员指导下的科学锻炼方案，对人体机能和健康体质的提高作用是很明显的，且在科学方案的指导下，运动损伤也会大大减少，能最大限度地发挥体育运动的预防和治疗功效。

3. 运动处方的分类

（1）根据锻炼人群分类，具体如表5-3所示。

表 5-3　根据运动处方的目的分类

类别	对象	目的
健身、健美运动处方	身体健康的运动爱好者	提高身体素质和运动能力，塑造健美身材，防止或减少运动损伤的发生
预防性运动处方	基本健康的中老年人、脑力劳动者及参加体育锻炼的其他人	增强体质、预防疾病、提高健康水平、防止早衰
治疗康复性运动处方	疾病患者或康复者	治疗疾病、提高康复效果

（2）根据运动处方锻炼作用分类：第一，全身耐力运动处方，采用有氧运动的方式，以提高心肺耐力为目的；第二，力量运动处方，采用抗阻练习的方式，以提高肌肉力量和肌肉耐力为目的；第三，柔韧性运动处方，以提升身体各关节活动度和身体整体柔韧素质为目的，以拉伸为主要手段的运动处方。

运动处方的作用是提高身体机能、改善身体状态和治疗疾病等。一般来说，针对青少年制定的运动处方主要用于预防疾病，增强体质，并使其在运动处方指导下进行适当的体育锻炼，从而提高心肺功能、增强免疫力、预防部分疾病，让青少年保持健康的体魄，健康成长。

一些青少年家长已经了解到体育锻炼对青少年学习和成长的重要性，但关于青少年体质状况和具体应采取的锻炼方案仍不太了解。因此，使学生、家长了解学生目前的体质健康状况，运动健康促进领域专家和医生一起制定运动处方，学校、家庭、医院、社区相互配合，有效地引导、监督青少年进行科学锻炼就显得尤为重要。

4. 运动处方的制定

运动处方的制定应遵循 FITT-VP 原则。该原则是由美国运动医学会（ACSM）所提出的。我们制定的运动处方必须包括六个关键的要素，即运动频率、运动强度、持续时间、运动方式、运动量、实施进程。制定这些要素的依据包括青少年的健康状况、体能水平、运动史、医学检查结果、近期锻炼情况等。运动处方的制定应按照流程进行，需要经过如下七个步骤：了解青少年的基本信息、确定运动处方的目的、测试与评定、制定运动处方、指导实施处方、监督执行情况、定期调整处方。

（1）全面了解青少年的健康状况和体能水平

在制定运动处方之前，要充分了解青少年的健康状况和体能水平。青少年的健康状况可以通过医院的体检材料获取，也可以采用《体力活动准备问卷》和《运动前筛查问卷》进行调查，并进行危险分层。青少年的体能水平则可以通过体质测试、体能测试、运动测试等途径获取。此外，关于青少年的家族史、疾病史、近期身体健康检查结果、身体发育情况、目前伤病情况和治疗情况、运动史和近期锻炼情况等可以通过询问或问卷调查获取。这部分工作可由体育教师、家长、医生、运动处方师四方共同完成。

（2）确定运动处方的目的

确定运动处方的目的主要包括如下几个方面：

①预防疾病，改善体能。例如，提高心肺耐力、增强肌肉力量、提高柔韧性。

②减轻或延缓疾病的危险因素。例如，减少多余的脂肪，控制血压、血糖、血脂，消除或减轻功能障碍等。

③疾病或功能障碍的康复治疗。

因运动处方的目的不同，须采用不同的运动功能评定方法，并按照不同的原则制定运动处方。

（3）青少年健康体适能的测试与评定

健康体能测试与评定是制定运动处方的依据。重点检查心肺耐力与相关器官的功能状况。例如，处方的目的是提高心肺耐力，或控制体重、血压、血糖、血脂等，应做心肺耐力测试与评定，可由运动处方师和体育教师完成；处方的目的是增强肌肉力量和耐力，需要做肌力的测定，可由体育教师完成；处方的目的是提高柔韧性，应做关节活动幅度的测定，可由运动处方师和康复医师完成；以肢体功能障碍康复为目的时，须做临床医学检查、关节活动幅度评定、肌肉力量评定和步态分析等，可由运动处方师和康复医师完成。

(4) 制定青少年运动处方

运动处方的制定主要是依据前期功能检查的结果。处方因人而异，年龄、性别、个人兴趣、身体基本素质等都是重要的考量因素，在制定时要基于个体的具体状况，做到"对症下药"，合理安排锻炼内容。

(5) 指导青少年实施运动处方

青少年拿到处方后，首先要明确处方内各项指标的具体含义，可以向处方师咨询，一一了解。充分了解处方内容，有助于青少年了解自己身体状况，明确运动方向。青少年第一次按照处方进行锻炼时，应当在运动处方师的监督指导下进行，让体育教师、家长或社区体育指导员了解如何指导青少年实施处方；第二次及以后的锻炼由体育教师、家长或社区体育指导员监督、指导。有时需要根据青少年的身体情况，对处方进行适当的调整。进行慢性疾病、肢体功能康复锻炼时，最好有专业人员指导，并根据锻炼后的反应，及时调整运动处方。

(6) 监督青少年运动处方的执行情况

通过检查锻炼日记，定期到锻炼现场观察，或要求青少年在家长、体育教师的陪同下定期（每周一次或两周一次）到实验室进行锻炼，对其执行运动处方的情况进行监督。其余时间的锻炼，则是在体育教师、家长或社区体育指导员的监督下进行。

研究表明，锻炼也需要他人监督，监督具有一定的约束和督促作用，能提高青少年的锻炼效果，保持长期、有序的锻炼。教师或家长通过监督还能时刻了解锻炼进度和效果，并根据实际锻炼情况及时调整处方，确保锻炼的科学性。

(7) 定期调整青少年运动处方

事物是不断发展变化的，青少年的体质健康状况也在不断变化，制定的运动处方也不能一成不变，要定期进行调整。原来制定的运动处方，一般在6~8周后可以取得明显的阶段性效果。青少年的身体情况已经发生了改变，肌肉力量增强了，心肺耐力提高了，再用原来的运动处方，效果便不理想了。运动处方师要对青少年定期进行功能评定，了解上一阶段的处方带来的具体效果，并据此调整处方，使其更适合本阶段的青少年。

5. 青少年个体化运动处方案例

李某某，男，15 岁，学生，平时缺乏运动，静坐少动居多，运动风险评估为低等。健康体能测试的结果显示，体重正常（BMI=21.55 kg/m^2），肌肉力量较差，柔韧性较差，李某的运动处方具体如图 5-3 所示。

<u>　李**　</u>的运动处方

基本信息				日期：2021 年 5 月 20 日	
姓名	李**	性别	☑男 □女	年龄	15岁
联系电话	*******	家庭住址	** 市	** 县 **	
运动前筛查结果					
体力活动水平	□严重不足　☑不足　□充足				
健康筛查	身高 171 cm，体重 63 kg，BMI 21.55 kg/m^2，腰围 81 cm 疾病史：☑无，□高血压，□糖尿病，□心脏病，□肺脏疾病，□其他 血液指标：空腹血糖6.3mmol/L，总胆固醇3.5mmol/L 血压 115/70 mmHg，安静心率 71 次/min				
运动风险评估	☑低　□中　□高				
运动测试评估	心肺功能	☑低　□中　□高			
	最大力量	☑较差　□一般　□较好			
	耐力素质	☑较差　□一般　□较好			
	柔韧素质	☑较差　□一般　□较好			
运动处方					
运动目的	增强心肺功能、提高肌肉力量，增强柔韧性				
运动方式	中等强度运动：慢跑、自行车、游泳、球类、牵拉				
运动强度	靶心率148—178次/min				
持续时间	每次运动60min及以上				
运动频率	3—5次/周				
周运动量	300—450min/周				
抗阻及其他	腰背肌和上下肢肌力训练，5RM强度，每个肌群锻炼3组，5—8次/组，3次/周				
运动目标	形成良好的锻炼习惯，干预3个月预计力量增长10%，心肺功能提高10%左右，柔韧素质明显增强				
注意事项	1.运动前充分热身，2.运动后适当拉伸3组，3次/周，3.主动进行静坐少动间断，保持良好的姿势，4.家长应注意对其营养的补充，保证充足睡眠				
效果评估	运动3月后，测试心率、血压、心肺功能、肌力、柔韧素质等，评估运动效果				
回访时间	前两周，每周一次电话回访；每月进行一次体质评价，调整运动处方				
运动处方师	****				
机构名称	湖南科技大学运动处方研究团队、湖南科技大学体质与健康监测研究所				

图 5-3　李某某的运动处方

制定运动处方的思路如下所示：

①运动处方对象体质与健康特征分析：李某是一名高中生，健康筛查显示，该患者没有心血管疾病及相关疾病的影响因素，但体育活动较少，

经综合评价，运动风险处于低等水平。

②存在的主要问题：心肺功能差、肌肉力量较差、柔韧性较差。

③运动处方的目标：增强心肺功能、提高肌肉力量、增加柔韧性。

④运动强度及时间制定：根据锻炼者的具体身体情况而定，可采用中等强度的训练，当出现不适症状时，应及时停止。运动时间保持在 60 min 左右或以上。

⑤运动频率：运动持续时间与运动强度有关，每周运动频率可根据强度大小进行适当的调节，通常为每周 3～5 次。

⑥注意事项：由于李某每天在校进行较长时间的学习，老师和家长应引导、监督李某主动进行静坐少动间断，控制身体，保持良好的姿势。由于李某正处于生长发育的重要阶段，家长应注意对其进行合理的营养补充，保证充足睡眠（不少于 8 小时/天）。

（六）完善"四位一体"青少年健康促进模式的保障机制

"四位一体"青少年健康促进模式的保障机制主要包括领导机制和经费保障机制，具体如下所述。

1. 健全领导机制

"四位一体"模式的建立与完善离不开正确的领导，这就需要建立领导机制，对各层级有效管理。具体来说，需要成立一个"青少年健康促进委员会"，委员会可以将多领域的人才汇聚在一起，并统一进行权责划分，明确分工，将不同人才分配到不同部门，进行部门化管理，便于统筹全局，对整体工作进行统一指挥，在委员会的统一领导下形成合力，共同致力于为青少年提供高质、高效的体育健康服务。

"青少年健康促进委员会"的成员应当涵盖上级政府部门、卫生部门、教育部门、体育部门，还要纳入社区居民代表，帮助其更好地了解社区青少年实际需求。该委员会的主要职责是制订青少年健康促进的整体规划和各项管理规定，协调各部门机构，检查考核各部门机构的业务工作，管理青少年健康促进的所有事务，负责反馈考核评价等。"青少年健康促进委员会"下设"青少年健康促进专家委员会",专家委员会由运动处方师和社区卫生服务中心、体育健身指导组织、医院、学校的专家组成,亦可聘请其他专家。专家委员会主要是借助自身的专业知识和对体育健康的研究为社区体育运动提供专业建议,如社区运动的整体规划、规则制度等都需要咨询专业人员,确保科学性和专业性。此外,专家委员会还要指导宣传招募组、检测组、诊断筛分组、运动处方组、干预组的所有业务工作,并根据反馈信息改进工作。

根据活动范围不同,青少年体育活动大致可概括为校内活动和校外活动两类。健全领导制度也要从校内、校外两方面着手,具体而言就是成立校内联络小组和社区联络小组。校内联络小组由学校主导,一般是由校长或副校长担任组长,各学科组长为副组长,班主任和体育教师担任组员。其中,组长对整个机制运行负总责,也是第一责任人,主要职责包括联络、传达、执行"青少年健康促进委员会"的各项政策,划拨专门的校内组织经费,协调学校各部门之间的工作等;副组长为第二责任人,负责具体方案的制订和协调各组员的工作;小组的组员主要负责方案的具体实施和指导学生进行练习。社区联络小组是由居委会领导的,主要成员是家长、体育教师和居委会工作人员。该小组负责传递并落实"青少年健康促进委员会"下发的各项政策。具体来说,居委会负责宣传有关政策,并积极组织青少年开展体育活动;体育教师负责为开展体育活动的青少年提供技术指导,协助活动顺利开展;家长负责配合居委会和体育教师,提供一定的人力或物力支持。

2. 经费保障机制

当地政府、体育部门、卫生主管部门、教育主管部门应该通力合作,保证"青少年健康促进委员会"及其下属机构的经费支出。稳定的办学经费是学校体育得以顺利开展的物质基础,政府应为学校体育经费来源提供一定的保障。首先,国家财政支出在教育方面的投入要充足,从整体上保证学校办学经费。其次,教育主管部门要明确体育教育工作也需要经费支持,要确保体育工作在分配经费时占合理比例,让体育教育得以顺利推进。当然，体育教育经费的来源不仅仅是国家，还可以扩展资金筹措渠道，如通过开发校内体育资源、体育赛事营销等吸引社会资本，积累更多教育经费。

参考文献

[1] 安平，徐峻华．国民体质监测网络系统方案设计研究 [J]．中国体育科技，2007，43（2）：7-10，19．

[2] 鲍明晓，邱雪．我国青少年体育事业发展现状 [J]．山东体育科技，2012，34（4）：1-8．

[3] 蔡睿．国民体质监测研究内容的结构体系 [J]．体育科学，2004，24（3）：37-39．

[4] 陈碧述．现代运动健身指导 [M]．西安：西安地图出版社，2009．

[5] 陈琦，麦全安．体质健康评价与运动处方 [M]．北京：高等教育出版社，2015．

[6] 陈玉忠．关于我国青少年体质健康问题的若干社会学思考 [J]．中国体育科技，2007，43（6）：83-90．

[7] 杜志峰，周雪娟，刘闻．体育与健康 [M]．北京：北京理工大学出版社，2012．

[8] 冯霞．青少年体质健康教育研究 [J]．中国青年政治学院学报，2006，25（4）：1-5．

[9] 国家体育总局．运动健身指南 [M]．北京：人民体育出版社，2011．

[10] 胡利军，江崇民，林莉萍．我国国民体质监测系统管理体制和运行机制研究 [C]// 国家体育总局政策法规司．体育软科学研究成果汇编．北京：国家体育总局政策法规司，2003：111-114．

[11] 黄海平．论全面建设小康社会的国民体质监测服务体系 [J]．中国体育科技，2007，43（2）：3-6．

[12] 黄敬亨. 健康教育学 [M]. 上海：复旦大学出版社，2010.

[13] 霍兴彦，林元华. 基于我国青少年体质健康促进的组织服务体系构建研究 [J]. 河北体育学院学报，2012，26（4）：32-36.

[14] 赖小玉，刘海金，刘尚礼. 我国青少年体质持续下降的原因分析及抑制措施 [J]. 体育学刊，2007，14（5）：26-28.

[15] 李德胜，胡振晔. 我国中学生体质健康教育的对策 [J]. 湖北体育科技，2009，（1）：16-17，28.

[16] 李鸿江. 青少年体能锻炼 [M]. 北京：高等教育出版社，2007.

[17] 林湘敏. 增进儿童健康的游戏：锻炼灵敏反应，培养合作精神 [M]. 北京：人民体育出版社，2005.

[18] 刘欣. 他山之石——《2008美国体力活动指南》导读 [J]. 体育科研，2011，32（1）：7-15.

[19] 刘星亮，熊和平. 体育测量与评价 [M]. 武汉：中国地质大学出版社，2003.

[20] 刘星亮. 体质健康概论 [M]. 武汉：中国地质大学出版社，2010.

[21] 吕荷莉. 大学生形体与体质健康评价 [M]. 杭州：浙江大学出版社，2014.

[22] 马新东，刘波，程杰. 美国青少年体质研究探析及对我国的启示 [J]. 体育与科学，2010，31（1）：81-83，108.

[23] 唐健. 大学体育与健康 [M]. 南京：东南大学出版社，2005.

[24] 肖林鹏，孙荣会，唐立成，等. 我国青少年体质健康服务体系构建的理论分析 [J]. 天津体育学院学报，2009，28（4）：281-284.

[25] 肖林鹏. 我国青少年学生体育需求问题的理论思考 [J]. 西安体育学院学报，2012，29（3）：257-261.

[26] 薛原，周睿. 中学生体质健康教育现状调查 [J]. 南京体育学院学报（自然科学版），2011，32（2）：4-6.